Horst Hensel Die Neuen Kinder und die Erosion der Alten Schule

Horst Hensel

Die Neuen Kinder und die Erosion der Alten Schule

Eine pädagogische Streitschrift

DruckVerlag Kettler

5. Auflage Oktober 1994
4. Auflage Mai 1994
3. Auflage Februar 1994
2. Auflage Oktober 1993
1. Auflage September 1993
DruckVerlag Kettler, Bönen

Printed in Germany, ISBN 3-925608-17-6

INHALT

Vorbemerkung

Die folgende Erörterung versteht sich als Beitrag zur Praxis und verdankt sich der Erfahrung und dem Nachdenken, nicht dem Rekurs auf die Fachliteratur oder der Teilnahme am Forschungsprozeß. Der Verfasser nennt den Text im Untertitel eine pädagogische Streitschrift. Dies hat Gründe. Ursprünglich war der Text Ende September 1992 für einen kleinen Kreis von Kolleginnen und Kollegen geschrieben worden, zur Selbstverständigung und Selbsthilfe, also zum Zweck der innerschulischen Reformdiskussion. Er wurde in einer vorläufigen Fassung an fünf Personen verschickt, mit der Bitte, Verbesserungsvorschläge für eine zweite, die eigentliche Fassung zu machen. Dazu kam es leider nicht. Schon die erste Kopie gelangte zum Unmut des Verfassers in einen innerschulischen und bald auch intraschulischen Diskussionskreislauf, der schließlich so ausuferte, daß eine neue Fassung zu schreiben sich erübrigte: Es war nun einmal die Rohfassung, die weitergegeben und als Äußerung des Verfassers rezipiert worden war; eine überarbeitete Fassung wäre gar nicht mehr wahrgenommen worden. Die Diskussion selbst gestaltete sich verworren und unterirdisch; es gelang nicht, zu einem offenen und sachbezogenen Gespräch in Gremien des schulischen Raums zu kommen; der Abwehrhaltungen waren zu viele – nach Meinung des Verfassers waren diese sowohl bürokratisch als auch schulpolitisch und weltanschaulich motiviert; bestimmte Kreise mochten die Aussagen des Papiers nicht, und dessen Verfasser dann bald auch nicht mehr. Einige Personen und Organisationen verweigerten dem Verfasser das Gespräch, als er bei ihnen anklopfte. Nach Meinung des Verfassers waren es weniger seine Bemerkungen zu den Schulkindern, die ihm bei bestimmten Personen und in gewissen Kreisen Abneigung, auch Haß eintrugen, als vielmehr sein Rühren an Tabus der Gesamtschulideologie und seine Kritik an der Dominanz des Bürokratischen im schulpädagogischen Prozeß. Ohne es gewollt zu haben, hatte er nunmehr gegen den Strom zu schwimmen, der sein Papier nach einigen Wochen ans Ufer spülte, wo es vor sich hin moderte, bis es eines Tages im Frühjahr 1993 von Politikern und Journalisten gefunden wurde. Nun entspann sich eine heftige schulpolitische Debatte auf lokaler und regionaler Ebene, an der sich der Verfasser aber nicht beteiligte. Dabei wurde von bestimmter Seite abermals sehr viel und Abträgliches über den Verfasser geäußert – mit ihm selbst wurde jedoch nicht gesprochen. Die wochenlange Debatte versandete schließlich, und es herrschte wieder „Ruhe an der Schulfront". Der Verfasser ging seiner pädagogischen und literarischen Arbeit nach und gab sein Papier endgültig verloren. Zu Beginn der Schuljahres 1993/94 tauchte es jedoch wieder auf – in Form einer zeitungsgerechten Meldung der Deutschen Presseagentur, die aus dem halben Hundert Manuskriptseiten des Verfassers nur ein oder zwei pointierte Äußerungen übernommen und sie auf eine Kritik an den „neuen Kindern" zugespitzt hatte, was journalistisch sehr geschickt und erfolgreich war, denn danach war der Teufel los. Zeitungen in ganz Deutschland griffen die Meldung auf und führten sie redaktionell weiter aus, nahmen die Äußerungen von Interviewpartnern aus Schulpolitik und Wissenschaft mit hinein, und auch der Verfasser selbst wurde von Zeitungen und Hörfunksendern interviewt. Diesmal beteiligte er sich an der öffentlichen Diskussion seiner kleine Schrift, denn er hatte gelernt, daß sein Schweigen nicht als stummer Verweis auf die Notwendigkeit eines ruhigen Sachgesprächs gedeutet, sondern als ein Sich-Heraushalten-Wollen mißdeutet und kritisiert worden war. Auch mochte er sich nicht noch einmal als Fliegenklatsche benutzen lassen. So trat er auch vor die Kamera, als sich Fernsehanstalten bei ihm meldeten. Während dieser Zeit riefen ihn unablässig die unterschiedlichsten Menschen an – darunter auch Verbandsvertreter und Bürodamen von Abgeordneten – und baten um das Papier. Ausnahmslos allen Gesprächen konnte der Verfasser entnehmen, daß er eine weitverbreitete Stimmung getroffen und auf den Begriff gebracht hatte; mehr noch, daß er offensichtlich auch so etwas wie Mut gezeigt hatte – eine Charaktereigenschaft, deren etwaige Anwesenheit im glanzlosen und friedlichen Geschäft des Schulehaltens von ihm selbst nie als notwendig erachtet worden war. – Kurz und gut, ein paar Dutzend Manuskriptseiten mit noch nicht einmal besonders perfekt ausgearbeiteten Gedanken zur Schularbeit, spontan an wenigen Tagen für die interne Diskussion eines Dutzends Lehrerinnen und Lehrer geschrieben, erfuhr bundesweite Aufmerksamkeit, und die einzelnen Sätze eines Fachgesprächs hallten in einem nationalen Echo wider.

Der Verfasser ist natürlich weit davon entfernt zu glauben, dergleichen werde dauern; er meint jedoch, daß sich seine vorläufige Schrift, die unter der Hand zu einer Streitschrift geworden ist, noch des öfteren in Diskussionszirkeln finden lassen wird. Um der lästigen und auf weitere Sicht auch etwas teuren Arbeit des Kopierens und Verschickens zu entgehen, entschloß er sich, auch auf Anraten von Freunden, sie veröffentlichen zu lassen. So liegt sie nun als kleines Buch vor – und zwar immer noch in der „Rohfassung", bereinigt um einige allzu detaillierte schulische und lokale Angaben und erweitert um einige erläuternde Passagen. Eine neue Fassung zu schreiben, die mit Zitaten und Absicherungen den üblichen Fachveröffentlichungen auf dem pädagogischen Medienmarkt entsprechen würde, verbietet sich aus Zeitgründen und ebenso um des inzwischen dokumentarischen Charakters dieser Schrift willen.

Der Verfasser hat sich vorwiegend auf die Eingangsstufe der Sekundarschule I bezogen, glaubt er doch als Praktiker zu wissen, daß hier die weiterführende Schularbeit grundgelegt werden kann und muß. Gelegentlich geht er deutlich und ausführlich auf die Gesamtschule als eine Schulform im Streit ein, meint jedoch aufgrund seiner Erfahrung gerade mit der bisherigen Rezeption seiner Schrift, daß sich bestimmte Phänomene in der Gesamtschule und in der Hauptschule nur deutlicher zeigen als im Gymnasium – aufweisen lassen sie sich dort auch.

Natürlich beansprucht der Verfasser nicht, die einzig richtige Problemanalyse und -lösung vorzulegen. Allerdings wird er seine Auffassung so lange verteidigen, bis er durch bessere Argumente widerlegt ist. Solche Argumente kann er sich durchaus vorstellen. Im übrigen ist er der Meinung, daß der erörterte Komplex historisch zu verstehen ist – wahrscheinlich werden sich manche der skizzierten Phänomene im Fortgang der Entwicklung als Übergangsphänomene erweisen. So gesehen liegt hier nur eine Momentaufnahme vor. Darüberhinaus läßt sich der Verfasser von der Einsicht leiten, daß jedes Ding mit seinem Gegenteil schwanger geht, daß die Zustände unvermutet umschlagen können, und daß das, was jetzt und hier sinnvoll erscheint, dort und dann Unsinn wäre. Daraus folgt die Auffassung, daß es keine ein für allemal richtigen pädagogischen Lösungen gibt, daß jede „Lösung" ihre je eigenen Schwächen birgt, und daß die Dinge nicht nur im Fluß sind, sondern auch in Fluß gehalten werden müssen.

1.
Die „Neuen Kinder“: Versuch einer Problembeschreibung

Nach Kenntnis des Verfassers erfuhren in den letzten Jahren viele Lehrerinnen und Lehrer, daß sich die Arbeit mit den „neuen Kindern“ in den Eingangsklassen der Sekundarschule I unvermutet schwierig anließ. Dieser Eindruck war um so deutlicher, je länger diese Lehrkräfte der Eingangsstufe ferngeblieben waren, beispielsweise dadurch, daß sie ihre Klassen bis zum Schulabschluß am Ende des 10. Schuljahres begleitet hatten, und nun nach sechsjähriger Abwesenheit von der Eingangsstufe einen neuen Lehrturnus mit einem 5. Schuljahr begannen.

Das Eingeständnis der Schwierigkeiten und der Beginn einer Aussprache darüber erfolgte in der Regel zögernd und erst nach etwa einem halben Jahr Unterricht: Es war so, als ob man den „Kulturbruch“ zunächst nicht wahrhaben wollte, nicht glauben wollte, was man doch in jeder Unterrichtsstunde und im Kontakt mit Eltern erfuhr – und als ob man den neuartigen Problemdruck durch zu wenig qualifizierte Arbeit selbst verschuldet hätte.

Indes: Am 3. August 1992 berichtete die

Westdeutsche Allgemeine Zeitung auf der Titelseite über das Ergebnis einer Umfrage, welche die Beratungsgesellschaft „Led Kommunikation" bei den 50 größten Banken und Konzernen in Deutschland durchgeführt hatte. Die Unternehmen kritisierten mangelhafte Kenntnisse der Berufsanfänger im Lesen, Schreiben und Rechnen, sie bemängelten fehlende Konzentrationsfähigkeit und stellten ein schlechtes Sozialverhalten fest. Thyssen-Stahl hatte „aufgrund 'stärkerer Individualisierung, vermehrter Freizeitorientierung und der Erfahrung relativen Wohlstandes' einen 'Mangel an Motivation' festgestellt. Es fehle an der 'Einsicht in die Notwendigkeit, auch ungeliebte Situationen und Handlungen verantwortungsvoll zu bestehen'".

Am 11. August berichtete dieselbe Zeitung über eine Umfrage zur Lesekultur in Europa, die das Bundesbildungsministerium vorgestellt hatte. Im internationalen Vergleich „über das Leseverhalten schnitten die 14jährigen deutschen Schüler im Vergleich zu denen einiger anderer Länder eindeutig ungünstiger ab." „Vor allem bei literarischer Lektüre {...} gab es bei deutschen Schülern eindeutig weniger Interesse." – In der Freizeit und als kulturelle Beschäftigung dominiert in Deutschland das Fernsehen.

Diesen Zitaten ist seitens der Schule und bezogen auf die Kinder der Eingangsstufe nicht viel hinzuzufügen. Auch hier fällt auf, daß die Kinder nunmehr

– seltener und weniger bereit und fähig sind, sich zu bilden, also dauerhaft und fest diejenigen Kenntnisse und kognitiven Fähigkeiten zu erwerben, die in den Zielen der Schule formuliert sind, und derer der Arbeitsprozeß bedarf,

– seltener und weniger bereit und fähig sind, zu arbeiten, d.h., sich auf eine Tätigkeitsform einzulassen, die sich der spontanen Bewältigung sperrt, die also Zeit und Kraft kostet und Aufmerksamkeit verlangt,

– seltener und weniger bereit und fähig sind, sich sozial zu verhalten, also Regeln des Zusammenlebens einzuhalten, sich in einen anderen Menschen hineinzuversetzen, auf ihn Rücksicht zu nehmen, Gemeinschaft zu pflegen und zusammenzuarbeiten – im Gegenteil: In der Regel geht es darum, sich selbst aggressiv durchzusetzen.

Die angesprochenen Phänomene sind in Praxis und Theorie seit langem bekannt, sie zeigen sich in allen Schulen – die stetige und graduelle Entwicklung dazu erscheint vielen Lehrkräften eines 5. Jahrgangs allerdings dann als neuer Zustand, als eine Art Kulturbruch, wenn sie seit Jahren nicht mehr auf der Eingangstufe unterrichtet haben.

Die Brisanz der Erkenntnisse von Wirtschaft und Schule liegt nicht so sehr in ihrer Identität – und schon gar nicht in ihrer Aktualität –, sondern in ihrem Bezug auf die zeitliche Dimension der Schullaufbahn: Wirtschaft und Gesellschaft klagen ja als Abnehmer über unzureichende und schlechte Ergebnisse des jahrelangen Bildungs- und Erziehungsprozesses, während die Schule diese „Ergebnisse" einerseits schon als Eingangsgrößen und andererseits als ständige Störgrößen des pädagogischen Prozesses feststellt. Daß die Schule hier versagt, liegt auf der Hand; daß die Wirtschaft diejenigen Phänomene selbst mit heraufruft, die sie kritisiert, sei weiter unten thematisiert.

Sowohl Eltern als auch Kinder begreifen immer seltener, daß Lernen eine Tätigkeit ist, und daß jede Tätigkeit Mühe kostet und mit der Verausgabung von Arbeitskraft einhergehen muß. Die Einstellung gewinnt Raum, Lernerfolge müßten sich allein durch Anwesenheit von Kindern im Unterricht von selbst ergeben. Die Anzahl der „guten" Schülerinnen und Schüler mimmt ab; die Anzahl der „schlechten" nimmt zu. Entsprechend ist das Lernklima. Somit ist es inzwischen sehr schwierig geworden, eine der neuen Klassen insgesamt, bzw. die Mehrzahl der einzelnen Kinder zu stetigem Lernen zu führen. Damit ist der Widerspruch zwischen dem Schulcurriculum – insbesondere dem der Gesamtschulen – und der Schülerpopulation gelegentlich unüberbrückbar geworden: Weniger Kinder als je zuvor sind bereit und fähig, die Lernziele der Schule durch Tätigkeit zu erreichen.

Eine große Anzahl der Kinder verhält sich so, als sei ihr Zentralnervensystem an das Vorabendprogramm des Fernsehens angeschlossen: Ihr schulisches Verhalten ist ein Reflex auf schnelle Schnitte, Kliff-Hänger, Zapping usw. Sie sind nervös, können sich nicht konzentrieren, bedürfen der immer neuen Reize, Stimuli und Sensationen, können nicht mit sich allein sein, behalten nichts, strengen sich nicht an – kurz: das Konstante ihrer Persönlichkeit ist die Flüchtigkeit; ihr Verhalten ist flüchtig wie die 25 Frames pro Sekunde Fernsehfilm.

Festzustellen ist, daß sich ein Pluralismus der Werte und Erziehungskonzepte zeigt, der an Beliebigkeit grenzt und in bezug auf die Schularbeit auch handlungsunfähig macht. Dominant ist allerdings die Instrumentalisierung aller menschlichen Beziehungen, die Asozialität der Lebensstile, der Werte, Erziehungskonzepte und Verhaltensrepertoires – und die Bevorzugung gewaltsamer Lösungen von Konflikten. Hierbei ist die Tendenz wirksam, die gegnerischen Ansichten oder den gegnerischen Menschen nicht bloß abzuwehren oder zu dominieren, sondern zu vernichten.

Die skizzierten Phänomene zeigen sich natürlich nicht nur im Unterricht, sondern auch bei schulischen Veranstaltungen wie Fahrten und Herbergsaufenthalten. Bei letzterem wird besonders deutlich, daß die meisten Kinder nichts mit sich und anderen anzufangen wissen und ständig der Animation bedürfen, um nicht über Langeweile zu klagen und destruktiv zu werden. Auffällig ist auch die geringe körperliche Belastungsfähigkeit. Rasche körperliche Erschöpfung und körperliches Unwohlsein, begleitet von Klagen und Anklagen, treten häufiger auf als je zuvor.

Das „neue Kind" auf der Eingangsstufe der Sekundarschule läßt sich in plakativer Verallgemeinerung wie folgt beschreiben:

Es ist häufiger ein Junge als ein Mädchen. Die Eltern des Kindes sind geschieden. Es hat keine Geschwister und lebt bei der Mutter. Familienerziehung hat es nie erfahren. Es erinnert sich daran, daß Familie Streit, auch männliche Gewalt und Alkoholmißbrauch bedeutet. Zeitweise lebt es bei den Großeltern. Geld ist knapp. Die Mutter kümmert sich nicht um ihr Kind. Es lebt neben ihr her und hört nicht auf sie. Täglich sieht es viele Stunden fern. Der Konsum von Sex-Filmen und auch pornographischen Filmen ist ihm nicht fremd. Sein Frauen-Bild – wenn es ein Junge ist –, seine Vorstellungen von Sexualität und Liebe bilden sich bei RTL plus. Horror- und Action-Filme sind seine tägliche Zerstreuung. Das Kind bleibt abends lange auf und ist morgens müde. Nicht selten kommt es zu spät zur Schule. Nicht selten hat es nicht gefrühstückt, hat es keine Pausenbrote mit. Die Hausaufgaben hat es nicht oder nur zum Teil gemacht. Lernergebnisse, die durch Memorieren erfolgen und zu sichern sind, sind ihm nicht abzuverlangen. In der Regel fehlt ihm Schulmaterial, wie Papier, Stifte usw., zumindest ist dies nur zum Teil vorhanden und schadhaft. Allerdings hat es oft Zerstreuungsspiele dabei (Game-Boys u.ä.). Den Unterricht findet es langweilig, und das sagt es den Lehrkräften auch, und zwar vor, während und nach dem Unterricht. Es gibt kein Thema und keine Unterrichtsmethode, die ihn Unterricht interessant finden läßt. Demzufolge unterhält es sich während des Unterrichts, ruft in die Klasse hinein, hält keine Regeln des Umgangs ein. Wenn die Schule zu einer Veranstaltung einlädt, vergessen Kind und Mutter die Rückmeldung. Zahlungen erfolgen verspätet und nach zahlreichen Mahnungen. Im allgemeinen ist es nicht bereit, eine Anweisung zu akzeptieren; die Lehrkräfte müssen ihm ein und dasselbe mehrmals nacheinander sagen, ehe es dies wahrnimmt – was noch nicht bedeutet, daß es Anweisungen befolgt. Gelegentlich entscheidet es, nicht mehr mitzuarbeiten, packt seine Tasche eine Viertelstunde vor Unterrichtsende und sagt: Ich habe keine Lust mehr. Es sehnt sich nach Anerkennung und hat gar nicht vor, faul zu sein oder sich asozial zu verhalten; es ist nur so, daß es nicht anders kann, daß es sich nicht steuern kann, daß es jeder Empfindung sofort nachgeben und jeder Anstrengung aus dem Weg gehen muß. Was es tut, muß Spaß machen und leicht sein. Es prügelt sich, wenn es im Ausleben seiner Individualität behindert wird – als Junge häufiger denn als Mädchen. Seine Noten sind ausreichend bis mangelhaft. Seine Schrift ist kaum zu entziffern. Später will es viel Geld verdienen.

Dieser Typ Kind scheint in verschiedenen Schattierungen und Abstufungen nach und nach der „Haupttyp" zu werden, was zu der Schlußfolgerung führt, daß entweder die Mehrzahl oder eine dominierende Minderheit der Kinder der Eingangsstufe weder sozial erzogen noch in bezug auf die Sekundarschule I schulreif sind.

Damit ist die Schule vor die Aufgabe gestellt, sich die Voraussetzungen zu ihrer Arbeit – erzogene und schulfähige Kinder – selbst erst zu schaffen, da Familie und Gesellschaft dies nicht mehr leisten.

1.1 Vermarktungszwang und Mediatisierung: Zum gesellschaftlichen Hintergrund

Durch die aktuellen Zitate aus der Westdeutschen Allgemeinen Zeitung wird deutlich, daß die Abnehmer von Schule dasselbe bemerken und kritisieren wie die Schule auch, und daß die Forderungen, die in der Kritik durchscheinen, dieselben sind, die auch Schule an sich stellt – und offenbar immer weniger einlösen kann.

Wie sehr aber die positiven Erwartungen und die negativen Erfahrungen zusammenhängen, ja, sich bedingen, wird schlagartig erhellt, wenn man bedenkt, daß die Unternehmen seitens der Produktion diejenigen Verhaltensweisen der Arbeitskräfte kritisieren, die sie seitens des Marktes benötigen und somit selbst provozieren. Auf dem Markt sind die Individuen als Konsumenten gefragt, also als persönlichkeitsreduzierte Individuen: Je weniger sie in der Lage sind, die Befriedigung von Bedürfnissen aufzuschieben, je egoistischer, hedonistischer sie sind, je weniger gebildet, desto besser funktionieren sie im Konsumtionszusammenhang. Je weniger sie kritische und literarische Texte lesen, und je mehr Fernsehen und Werbefernsehen sie sehen, desto besser taugen sie als Konsumenten.

Als Exkurs sei angefügt, daß sich in Deutschland dieser Zusammenhang aufgrund des wirtschaftlichen Entwicklungsstands und der nationalen Geschichte am deutlichsten zeigt: Hier wird – besonders von pädagogischen Arbeitskräften, und anders als beispielsweise in Frankreich – nationale Kultur abgelehnt: Verfügung über einen nationalen Kunst- und Literaturkanon wird weder öffentlich noch schulisch angestrebt. Die Folge davon ist aber nun nicht, daß eine sogenannte „multikulturelle Kultur" das Vakuum füllt, sondern die amerikanische Filmindustrie, und daß darüberhinaus die deutsche Sprache als Denkmittel, als Kommunikationsmittel und als künstlerisches Ausdrucksmittel nicht gepflegt wird. Dies beeinflußt nicht nur den Sprachgebrauch der Gesellschaft negativ, sondern berührt auch Fragen nationaler Identität. Die Folge ist, daß inzwischen Nationalisten diejenigen Fragen beantworten, auf die die Schule nicht eingehen will.

Eine genauere Analyse des skizzierten Widerspruchs zwischen Produktionseigenschaften und Konsumtionseigenschaften würde zutage treten lassen, daß dieser Zusammenhang und die „Konsumentenpersönlichkeit" insgesamt nicht nur negativ bewertet werden können. Jedoch kommt es in dieser Erörterung nur darauf an, festzuhalten, daß der komplizierte und komplexe Widerspruch zwischen Produktion und Konsumtion in der modernen Industriegesellschaft eine wesentliche Ursache derjenigen Widersprüche ist, die sich zwischen Gesellschaft, Familie und Schule auftun, und die zu einer bei Schule und Wirtschaft übereinstimmenden Beschreibung der Kinder und Jugendlichen führen.

Damit ist aber auch darauf hingewiesen, daß nicht die Schule auf einmal schlechter geworden ist, sondern daß sich das ökonomische und soziale System verändert hat – vom „Produktionskapitalismus“ zum „Marketingkapitalismus“ mit der Vermittlungsinstanz Fernsehen. Es sind also gesellschaftliche Zusammenhänge, welche die angesprochenen schulischen Probleme hervorrufen. Damit ist die Schule von „Schuld“ entlastet, aber natürlich nicht von ihrem Auftrag: mitten in gesellschaftlichen Verwerfungen so viele Kinder wie möglich so intensiv wie möglich zu bilden – modifiziert und begrenzt durch eben diese Verwerfungen.

Sie treten vielfältig zutage. Daß unsere brutale Stadtarchitektur und die öden Wohngettos, daß Umweltgifte und psychosomatische Krankheiten sowie Allergien, daß Massenarbeitslosigkeit und die Tendenz zur „Zwei-Drittel-Gesellschaft", der Konkurrenzzwang und der gesellschaftliche Zwang zur Aggression usw. erstrangige und vielfach entscheidende Sozialisationsfaktoren sind, ist bekannt und soll an dieser Stelle nicht weiter ausgeführt werden. Bevor die Mediatisierung als derjenige Sozialisationsfaktor vorgestellt wird, in dem sich die anderen sinnfällig komplexieren, soll auf einige Sozialisationsfaktoren hingewiesen werden, die weniger im allgemeine Bewußtsein vorhanden sind, obwohl sie pädagogisch wahrscheinlich sehr entscheidend sind. Es geht um die Faktoren Vaterlosigkeit, Entscheidungschaos und Infantilisierung.

Die Mehrzahl der unerzogenen und nicht schulreifen sowie aggressiven Kinder sind Jungen. Daß Jungen auf diese Weise auffällig werden, hat u.a. auch damit zu tun, daß unsere Gesellschaft eine vaterlose Gesellschaft ist. Viele Jungen wachsen ohne Vater auf, werden also von Frauen erzogen: zu Hause von Mutter und Großmutter, im Kindergarten von Erzieherinnen, in der Grundschule von Lehrerinnen, und in der Sekundarschule zumeist auch. Es fehlt der reife, erwachsene männliche Mensch als Rollenbeispiel oder -vorbild und als Person, an dem sich die Jungen abarbeiten und auf die sie sich verlassen können. Der Vater – das ist der Flüchtling; der Mann – das ist die sachliche Begegnung, nicht die liebevolle Bindung. Da Frau und Mann allein nur halbe Menschen sind, und der Begriff „Mensch" nur als Paar definiert werden kann, wachsen diese Jungen in großer Armut auf. Die Männerrolle wird ihnen meist als Klischee und Zerrbild bekannt gemacht: in Filmen als Rambo.

Daseinsweise und Bild des männlichen Menschen und des Vaters fehlen natürlich auch Mädchen, nur äußert sich dieses Defizit bei Mädchen nicht so destruktiv wie bei Jungen, können sie sich doch im Erziehungsprozeß vielfältig mit Frauen verbinden und entzweien.

Neben den Verlust des Vaters tritt als neuartige Sozialisationserfahrung der Zwang zur Entscheidung in einem nicht zu übersehenden Entscheidungsangebot. Unsere Gesellschaft ist im Unterschied zu allen anderen historischen Gesellschaften durch Entscheidungschaos und Entscheidungszwang gekennzeichnet. Nahrungsmittel und Kleidung, Lebensstile, Ausbildungswege, Partnerschaften – mit einem Wort: fast alles ist bei aller Uniformität und verborgenen Zwanghaftigkeit den individuellen Entscheidungen so offen wie niemals zuvor und nirgendwo sonst. Nicht selten sind wir dadurch überfordert. Die Kinder mehr als die Erwachsenen. Das Entscheidungschaos gebiert existenzielle Unsicherheit und Überlastung. Die

Antwort darauf ist das kaum bewußte Bedürfnis nach Stetigkeit, nach festem Grund. Hier greifen Ideologien und Lebensentwürfe, die das Fernsehen anbietet. Die Übernahme solcher Entwürfe trägt zur Infantilisierung bei.

Vermarktungszwang und Mediatisierung nötigen zur Infantilisierung der Handlungsmuster und verursachen, daß das Erwachsensein abgewertet wird. Da das Fernsehen nun einmal das Hauptmedium ist, durch das sich die Kultur und auch die Sinnlichkeit der Gesellschaft bildet, und da es sich beim Verkauf seiner Produkte im Durchschnitt an die breitest-mögliche und deshalb an eine kulturell und ästhetisch ungebildete Konsumentenschicht wendet, bzw. an die Stammhirn-Reflexe von uns allen, muß es das Niveau senken, bis auch noch die letzten Menschen und die fossilsten Reaktionen gebunden sind. Alles wird auf Effekt und Kurzweil getrimmt. Die Optik muß stimmen, also die Oberfläche. Dies bedingt schließlich die Infantilisierung, die sich nicht nur im Fernsehen zeigt, sondern auch in anderen öffentlichen Bereichen, besonders im Kunst- und Kulturbetrieb. Dies bedingt aber auch unterhalb konkreter Filmhandlungen den Brutalisierungsschub, den wir in der Gesellschaft erleben: effektvolle und kurzweilige Reaktionen in Konflikten sind brutale Reaktionen, keine humanen. Humane

Reaktionen sind langweilig. Ob amerikanische Parteikongresse, Spiel-Shows, Werbefilme oder Infotainment – fast alle dieser Sendungen folgen einer infantilen Dramaturgie, sind somit deutlich „kindgerecht", bzw. kindisch. Eine erwachsene Weltsicht und Handlungsweise – in der sozusagen das Epische gegenüber dem Dramatischen behauptet wird –, eine solche Daseinsweise stört und kommt nicht an. Programmabsicht und Konsumentenbedürfnis entsprechen inzwischen einander. In wirklich freier Konkurrenz haben „erwachsene" Programme keine Chance mehr. Ein Blick auf das international wohl beliebteste Genre, den Kriminalfilm, zeigt: In den „Black-Series" des Hollywood-Films der vierziger Jahre treten eindeutig erwachsene Menschen auf – in heutigen amerikanischen Krimiserien eindeutig infantile Menschen.

Mit den obigen Äußerungen ist schon nachdrücklich das Fernsehen als Sozialisationsinstanz ins Gespräch gebracht worden.

Im engeren Sinne sind die Kinder durch die Werbefilme im Fernsehen sozialisiert, einmal, indem sie die Werbefilme konsumieren, und zweitens, indem sie das ganze Programm sehen, das aber um der Werbung willen existiert. Werbefilme stellen nicht in erster Linie eine Ware vor, sondern erfinden Geschichten, in deren

Mittelpunkt die Ware steht. Diese Geschichten von und mit Waren sind aber als Geschichten vom besseren Leben gedacht – und so wirken sie auch. Sie bilden ein Leben vor, das seine Mitte im Konsum hat. Das Menschenbild der Werbung ist die Konsumentin, ist der Konsument. Es ist das herrschende Menschenbild unserer Gesellschaft und unserer Epoche. Die Werbung erzeugt ein Bedürfnis, das in der Regel unbefriedigt bleibt: übrig bleiben Warenhunger und eine unspezifische Gier – die pervertierte Form der Sehnsucht. Dies muß unruhig machen. Man kann nicht bei einer Sache bleiben, denn dann verpaßte man ja die nächste Sache, die vielleicht doch befriedigt. So entsteht ein Destruktionskreislauf.

Es ist aber nicht der Werbefilm allein, der die Persönlichkeit der Kinder formt. Das Vorabendprogramm und in der Tendenz immer mehr Filme sind so gemacht – in Dramaturgie, Fabel und Schnitt –, daß sie das Umfeld für Werbung abgeben, indem sie deren Machart kopieren, bzw. die Wahrnehmungsweise der Konsumenten werblich herrichten. Auch Filme als Kunstwerke – die es ja gibt – funktionieren im Programmzusammenhang nicht anders, denn als Transportmittel der Werbebotschaft (vgl. ihre Zerstückelung durch Werbeblocks). Insgesamt werden die Kinder durch die allfällige Werbung der Unwahrhaftigkeit und der Äußerlichkeit ausgesetzt: keine werbliche Maßnahme kommt ohne Lüge aus – die Werbebilder beispielsweise werden mit Scannern bearbeitet, bis Farben und Formen unwahr, aber „schön" sind. Realität und Unregelmäßigkeiten kommen nicht mehr vor. Die Kinder sind halbbewußt einem Ansturm erfolgreicher Lügen ausgesetzt.

Es ist an dieser Stelle nicht notwendig, im einzelnen darauf einzugehen, daß zahlreiche Filmhandlungen Muster für Verhalten in Konflikten und für Lebensstile sind. Die amerikanische Importware handelt vom Gelderwerb altersloser Menschen von eigentümlich künstlicher Schönheit, die ihre Konflikte durch Gewalt lösen. Es ist immer dasselbe: Plastikmenschen vernichten einander, um reich zu werden. Hier wird die geheime Botschaft des (Werbe-)Fersehens in „Handlung" umgesetzt und unsere Gesellschaft auf ihren archimedischen Punkt gebracht.

Die soziale und geistige Wirkung des Fernsehens ist in unserer Gesellschaft eine, die nur mit der sozialen und geistigen Wirkung der Kirche im Mittelalter verglichen werden kann. Der physische Raum der Kirche mitsamt seinen sozialen Implikationen, sowie deren spirituelle Botschaft ist abgelöst worden von demjenigen Arrangement physischer Dinge und sozialer Beziehungen, die sich auf das Fernsehgerät und das Filme-Sehen orientiert, sowie auf die quasispirituelle Botschaft des Programms. Der Vergleich weist darauf hin, welche Macht hier ins Spiel gekommen ist. Es ist die Agglomeration von Vermarktungszwang und auswegloser Mediatisierung. Hier verknäulen sich Destruktivität und Werteeinfalt. Wo von der Liebe bis zur Natur alles zur Ware, alles käuflich und verkäuflich werden muß, lebt man nur durch und für das Haben, also das Geld. An dem hapert es aber für gewöhnlich. Man muß sich arrangieren, was aber in der Regel nicht als Ergebnis souveräner Persönlichkeitsentwicklung, sondern als Niederlage gewertet wird. Um diese Niederlage kommt man aber nicht herum. Also lebt man beschädigt. Zugleich ist das Gefühl wach, daß der Tanz ums Goldene Kalb wohl doch nicht das ganze und wirkliche Leben sein kann. Als anthropologische Konstante lebt in allen Menschen das Gefühl: Wir leben nicht vom Brot allein – und schon gar nicht von dessen restloser Vermarktung. Die letzte Bemerkung verdankt sich keinem wie auch immer gearteten philosophischen Idealismus, sondern interpretiert lediglich die Evolution der menschlichen Gattung. Ohne soziale Kompetenz der Individuen gäbe es die Menschen nicht. Das unklare Widerstandspotential gegen die Reduzierung alles Menschlichen auf seinen Marktwert ankert im Evolutionsmechanismus der menschlichen Gattung. Allerdings äußert sich der Widerstand in den seltensten Fällen souverän, sondern zumeist destruktiv. Dies hängt auch damit zusammen, daß Lebensentwürfe und Utopien jenseits des Vermarktungszwangs diskreditiert oder überholt sind - mit anderen Worten, daß sie zuwenig in der Wirklichkeit gewurzelt haben, aus der sie sich ja erheben müssen, wenn sie nicht Tagträumerei bleiben oder Zwangsmaßnahme werden wollen. Es sei an die christlichen Kirchen und an die kommunistische Bewegung erinnert. Ein Leben ohne übergreifendes Ziel ist aber leer, letztlich völlig unerträglich. Die historische Situation ist jedoch die Situation des Jetzt und Hier, des Ex und Hopp. Die Sehnsucht nach Werten über die Vermarktung hinaus äußert sich somit in der Tendenz destruktiv. Unsere Gesellschaftsordnung ist inzwischen nicht mehr durch politische Gegenbewegungen „bedroht", sondern durch sich selbst, durch die Vermarktung noch ihres letzten Atemzugs. Auch Wertegemeinschaften wie nationalistische Gruppen, fundamentalistische Religionsgemeinschaften oder Sekten gewinnen Raum oder halten Stand, eben weil sie im Chaos der Entscheidungen und Verwerfungen Wertegemeinschaften sind, die die isolierten Individuen nicht allein lassen – und weil sie über den Marketingkapitalismus hinausgehen (Nationalismus) oder ihn von vorneherein unterlaufen, bzw. antikapitalistische Werte tradieren (bestimmte Religionen).

Resümee: So wie das reale Ergebnis der Warenherrschaft der Müll ist, ist das reale Ergebnis der Warenideologie eine Persönlichkeit, die sich als Abfall fühlt – und sich entsprechend verhält.

2. Antworten der Schule

Wie könnte die Schule, wie könnte die Eingangsstufe der Sekundarschule I auf die Herausforderung durch die „neuen Kinder" antworten?

Sollten die im ersten Kapitel notierten Beobachtungen und Einsichten im großen und ganzen einer kritischen Diskussion standhalten, hätte die Schule als neue Aufgabe auf der Eingangsstufe zu leisten:

1. Nachholende Erziehung (Verhaltensaspekt);

2. Sicherung der Schulfähigkeit (Leistungsaspekt).

Des weiteren wäre notwendig, daß die gesamte Schule

3. curriculare und organisatorische Konsequenzen zieht. Diese zielen auch auf die Schullaufbahn, also auf die Differenzierung und die Abschlüsse. – Was die curricularen Konsequenzen angeht, wäre die Schule im besonderen aufgefordert, schulkulturelle, ästhetisch bildende und medienerzieherische Unterrichte zu entwickeln, sowie mit ihren Mittel zur humanen Sozialisierung beizutragen und Fragen der Lebensführung zu thematisieren.

4. wäre daran anknüpfend und darüberhinaus der pädagogische Umgang zwischen Kindern und Lehrerinnen und Lehrern sowie das Ethos von Schule neu zu reflektieren.

Im folgenden sollen diejenigen Arbeitsarrangements, Unterrichtsschwerpunkte, organisatorische Maßnahmen usw. skizziert werden, mit deren Hilfe nach Meinung des Verfassers die vier neuen Aufgaben gemeistert werden könnten. Die Vorschläge sind nicht besonders originell, vielmehr fügen sie zumeist längst Bekanntes zu neuen Zwecken zusammen. Hin und wieder gehen sie ein wenig über die in der Schule tradierte Arbeit hinaus.

Die Vorschläge sind auf einer mittleren Ebene der Konkretion angesiedelt: Einerseits müssen sie so genau sein, daß ein Fachpublikum sie bewerten und kritisieren kann, andererseits ist es wenig sinnvoll, sie schon hier didaktisch kleinzuarbeiten, da es keinesfalls ausgemacht ist, daß sich die Schule und außerschulische Entscheidungsinstanzen auf sie einigen werden, und wenn, dann sind die Bedingungen so verschieden, daß die Hauptarbeit, wie immer, vor Ort geleistet werden muß.

Nachholende Erziehung und Sicherung spezifischer Schulfähigkeit fände logischerweise im Verlauf des 5. und 6. Schuljahres statt. Würde dies dazu führen, daß dann alle als „defizitär" aufgefallenen Kinder spätestens am Ende des 6. Schuljahres diejenigen Verhaltensweisen und Persönlichkeitsmerkmale aufweisen, von denen Schule als Voraussetzung des Gelingens ihres spezifischen gesellschaftlichen Auftrages ausgehen muß, wäre das zur Rede stehende Problem bewältigt. Die Schule hätte dann nur durch eine veränderte Praxis im 5. und 6. Schuljahr auf die angesprochenen Phänomene zu reagieren. Die Erfahrung und der Blick auf die Ursachen der Probleme erlauben aber die Prognose, daß dies nicht möglich sein wird, und zwar deshalb, weil die Defizite durch familiäre und gesellschaftliche Zusammenhänge immer wieder neu produziert werden. Die Sozialisationsinstanz Schule ist nicht in der Lage, die Sozialisationsinstanz Familie und die Sozialisationsinstanzen Fernsehen, Arbeit usw. – also den außerschulischen Lebenszusammenhang – zu konterkarieren. Bestenfalls ist es möglich – wie die Verhaltensmodifikation zeigt –, zu differenzierten Verhaltensweisen zu kommen, also dazu, daß sich Kinder in der Schule „schulförmig" verhalten, außerhalb der Schule dann wieder wie im Fernsehen. (Transferleistungen nicht ausgeschlossen.) Die Widersprüche zwischen Lebenswelt, Familie und Schule sind inzwischen so zerreißend, daß die Schule keinesfalls in der Lage ist, diese aufzuheben. Wenn sie es schafft, die Mehrzahl der unerzogenen Kinder zu schulförmigem Verhalten zu erziehen, hat sie ihren Erziehungsauftrag erfüllt. Somit wird es auch nach dem 6. Schuljahr zahlreiche Kinder geben, die noch nicht schulreif sind – und es auch nicht mehr werden. Wie die Verhältnisse sich also nun einmal entwickelt haben, müssen wir unvoreingenommen darüber diskutieren, ob es sinnvoll und zweckmäßig ist, in bestimmten Schulen für eine größere Anzahl unserer Schülerinnen und Schüler das curriculare Niveau zu senken, um ihrem schwächer gewordenen Leistungsvermögen gerecht zu werden, nämlich in denjenigen Gesamtschulen, die zugleich als Pflichtschulen die Aufgaben der Hauptschule zu übernehmen haben. Mit anderen Worten: das Gesamtschulcurriculum überfordert sie; ein Hauptschulcurriculum – bzw. ein Gesamtschulcurriculum auf dem Niveau der Hauptschule – wäre eventuell angemessener (in manchen Fällen auch ein Sonderschulcurriculum). Andererseits ist auch dort der Minderheit derjenigen Kinder, die bereit und fähig zu schulischem Lernen sind, jede Möglichkeit zu weiterführendem Lernen zu geben. Dies zielt besonders auf diejenige kleine Gruppe ausländischer Kinder (meist Mädchen), die ohne Gesamtschule nicht die geringste Chance hätte, zu höheren Schulabschlüssen und zum Abitur zu gelangen. Das Gymnasium ist unwillig und unfähig, solchen Kindern zu helfen. Auch wenn wir wissen, daß eine gewisse Heterogenität unterrichtliche Vorteile gerade für schwächere Kinder bietet, ist doch inzwischen nicht mehr nur von üblicher Heterogenität zu sprechen, sondern oft schon von fast unvereinbaren Entwicklungsunterschieden: was die einen unter keinen Umständen mehr schaffen, ist für die anderen in jeder Hinsicht zu wenig. Wir haben in den neuen Eingangsklassen der genannten Gesamtschulen mindestens zwei völlig verschiedene Klassen, sowohl im Leistungs- als auch im Verhaltensbereich. Verschärft wird diese Situation an vielen Schulen durch den hohen Anteil ausländischer Kinder, deren Fähigkeitspotentiale von einigen mit glänzenden Leistungen bis zu anderen reicht, die auf der Stufe des Analphabetismus stehen. Nicht zu reden von den enormen religiösen und ethnischen Differenzen, die sich in einer Spannbreite von katholischen vietnamesischen bis zu fundamentalistisch-muslimischen Kindern aus Ländern des Nahen Orients zeigen. Der Hinweis, diesem allen wäre mit innerer Differenzierung zu begegnen, erweist sich in der Praxis als vorlaute Theoretisiererei: Keine Lehrkraft kann dies auf Dauer aus eigenem Einsatz heraus schaffen.

Was wäre nun konkret zu tun?

Der Verfasser möchte mit einem ungewöhnlichen Einstieg beginnen:

Arbeitskräfteeinsatz

Jede schulische Antwort auf die epochale pädagogische Herausforderung muß von lebendigen Lehrerinnen und Lehrern gegeben werden, d.h., sie muß durch den Einsatz von Arbeitskraft realisiert werden. Da die Ausweitung der Probleme gestiegene und erweiterte Ansprüche an die pädagogische Arbeit stellt, muß darauf geachtet werden, daß die Arbeitskräfte nicht verschlissen werden. Dies hält der Verfasser für die conditio sine qua non der gesamten Umstellung.

Fragen wir aber zunächst einmal, ob die Lehrkräfte tatsächlich mehr arbeiten müssen – beginnen wir also zu rechnen:

Mehr arbeiten – dies bezieht sich entweder auf längere oder auf intensivere Arbeit, oder auf beides.

Arbeiten die Lehrkräfte länger, wenn sie mit den „neuen Kindern" arbeiten?

Ja. Erstens müssen sie sich häufiger und länger außerhalb der Unterrichtszeit mit Konflikten der Kinder untereinander beschäftigen, müssen sie wesentlich mehr Zeit außerhalb des Unterrichts der Nacharbeit, der Lernkontrolle, der Beratung und Hilfe widmen, müssen sie sich häufiger und länger mit Kolleginnen und Kollegen absprechen.

Zweitens müssen sie mehr Zeit für die „neuen Eltern" aufwenden. Anzahl und Dauer der Telefongespräche, der Treffen mit Eltern, der Elternbesuche, der Absprachen usw. haben zugenommen. Zugleich gibt es mehr Mißerfolgserlebnisse.

Die Lehrkräfte arbeiten also länger. Dies wäre aber fast nicht der Rede wert, wenn sie nicht auch intensiver arbeiten müßten. Der enorme Verschleiß an Arbeitskraft entsteht im Unterricht, in jenen als zuträglich geltenden 24 Stunden in der Klasse. Daß und wie dies geschieht, ist Thema der gesamten Erörterung und braucht hier nicht im einzelnen ausgeführt zu werden.

Die sachlich gebotene deutliche Verkürzung der Unterrichtsstunden für Klassenlehrerinnen und -lehrer auf der Eingangsstufe und die drastische Verkleinerung der Klassen ist natürlich völlig aussichtslos und muß als Topos aus der Diskussion ausgeschlossen werden.
Was aber dann?

Es muß ein Arrangement der Arbeit auf der Eingangsstufe entwickelt werden, das die erschwerte Bildungs- und Erziehungsarbeit realisieren läßt und zugleich ein Ausbrennen und Abnutzen der Arbeitskräfte verhindert. Dies kann nach Lage der Dinge nur vor Ort geschehen, nur durch die Arbeitskräfte selbst, und es gleicht angesichts der „neuen Kinder", der Erosion der Schule, gleichbleibender Arbeitszeiten und nicht ausreichender Neueinstellungen der Quadratur des Kreises. Gelingt dies nicht, bleiben zwei Alternativen, die unannehmbar sind. Die eine ist die fortgesetzte Selbstausbeutung, die andere die Resignation. Sicher gibt es eine begrenzte Zahl von pädagogischen Arbeitskräften, die zu jedem Opfer bereit ist. Es ist aber nicht mehr zu übersehen, daß dieses Stachanow-Prinzip, dem zum Beispiel wohl die meisten Gesamtschulbeschäftigten in den Gründerjahren einmal gehuldigt haben, zum Auseinanderfallen des Kollegiums als Produktionsteam führt: Erwachsene, realistische, arbeitserfahrene Kräfte lassen sich nun einmal nicht ständig von Kolleginnen und Kollegen normieren, die außer Schule nichts kennen – unabhängig davon, daß die Absolutsetzung des pädagogischen Prozesses im Leben der Lehrkräfte diesen Prozeß selbst auch beeinträchtigt. Die Kehrseite der höheren Berufung ist die weinerliche Betroffenheit. Fehlender Abstand verengt das Gesichtsfeld. Also: Selbstausbeutung ist kontraproduktiv. Bleibt die Resignation: Wer immer wieder erfährt, daß selbst sehr gut vorbereiteter Unterricht die „neuen Kinder" nicht erreicht, läßt irgendwann die gute Vorbereitung sein. Wer ständig jedes Moment seiner Arbeit auf Null gesetzt sieht, dessen Haupterfahrung ist der Nullpunkt, auf den er sich einrichtet.

Im Zusammenhang dieser Erörterung ist dabei natürlich nur an diejenigen Arbeitskräfte gedacht, die unmittelbar auf der Eingangsstufe nachholende Erziehung und Sicherung der Schulfähigkeit zu leisten hätten: also je nachdem in der Regel an eine Anzahl von zwei bis sechs Klassenlehrerinnen und -lehrer (bei einem Klassenlehrerinnen- und Lehrermodell mit Doppelbesetzung verdoppelt sich natürlich auch die Anzahl dieser Lehrkräfte). Diese könnten ein stabiles Stufenkollegium bilden.

Stufenkollegium

Der Verfasser plädiert für die Schaffung eines stabilen Stufenkollegiums, also einer spezialisierten Arbeitsgruppe, die paritätisch aus weiblichen und männlichen Lehrkräften zusammengesetzt sein müßte. Einige Kolleginnen und Kollegen sollten sich bereitfinden, viele Jahre Klassenlehrerinnen und -lehrer in den 5. und 6. Schuljahren zu sein. Darüberhinaus sollten sich so viele und verschiedenartige Lehrkräfte zu einem solchen Stufenkollegium bereitfinden, daß der Unterricht dadurch nahezu vollständig abgedeckt werden kann. Dies wäre auch deshalb notwendig, weil ohne Fachlehrerinnen und -lehrer die veränderte und dichtere pädagogische Arbeit mit den Kindern nicht zu bewältigen sein würde, und weil - wie weiter unten auszuführen sein wird -, mit Blick beispielsweise auf die spezielle Situation bestimmter Gesamtschulen bei einer Vorverlegung der Differenzierung und der Aufgabe der Hälftigkeit zumindest die Fachlehrerinnen und -lehrer für Deutsch, Englisch und Mathematik fast schon selber Klassenlehrerinnen und -lehrer zu sein hätten. Diese sowie die anderen Lehrkräfte (Wechsel der Funktionen sinnvoll) sollten dazu bereit sein,

1. in den Klassen auch verhaltensmodifikatorisch zu arbeiten, und

2. dicht zusammenzuarbeiten, d.h. Erziehungsziele, Normen, Arbeitsweisen und Organisation von Unterricht abzusprechen und zu kontrollieren – sie sollten sich also insgesamt in der Erziehungsarbeit einem Team-Kleingruppen-Modell nähern.

Was das Team-Kleingruppen-Modell ist, und was unter Verhaltensmodifikation als Erziehungstechnik zu verstehen ist, braucht an dieser Stelle einem Fachpublikum nicht weiter ausgeführt werden. Allerdings begegnet die Verhaltensmodifikation dem Mißtrauen mancher Arbeitskräfte, die politisch und pädagogisch im alternativen Bereich beheimatet sind. Der Verfasser hält dies Mißtrauen für unbegründet. Es kann nur der Unkenntnis verhaltensmodifikatorischen Vorgehens entspringen. Verhaltensmodifikation ist kein Mittel der Gehirnwäsche und der Überwältigung der kindlichen Persönlichkeit, sondern eine Erziehungstechnik. Der Verfasser bedient sich ihrer seit Jahren, und mit Erfolg. Er ist der Meinung, hierbei im Sinne Freinets zu handeln, eines der großen Pädagogen unseres Jahrhunderts. Freinets Absicht war ja unter anderem gewesen, die pädagogische Praxis nicht so sehr von hehren Ideen, sondern von der materiellen Organisation der Klassenarbeit leben zu lassen. „Das Erziehungsniveau in einem Land hängt fast ausschließlich von dem Stand seiner pädagogischen Technik ab", äußerte er in einem seiner Texte („Auf dem Weg zur 'pädagogischen Technik'"). In „Pädagogik oder Politik?" formulierte er noch deutlicher: „Die Technik der Erziehung wird da Erfolg haben, wo moralische oder moralisierende Aufforderungen versagen." Und weiter: „Lernen Sie, die Arbeit und das Leben der Kinder vernünftig zu organisieren." – Nichts anderes meint der Verfasser, wenn er von einem Stufenkollegium als einer spezialisierten Arbeitsgruppe spricht, und wenn er nachdrücklich für eine Zusammenarbeit nach Art des Team-Kleingruppen-Modells und des bewußten Aufgreifens der Verhaltensmodifikation als einer Erziehungstechnik plädiert.

Die Lehrkräfte eines Stufenkollegiums müßten ohne Ausnahme dieselben Verhaltensregeln rigide einhalten. Für die „neuen Kinder" ist das Vorhandensein eines festen und dauerhaften Regelwerkes außerordentlich wichtig; sie müssen sich endlich einmal auf Erwachsene und Institutionen verlassen und eine existenzielle Situation sicher einschätzen können. Dies hilft ihnen zu lernen und sich positiv zu entwickeln.

Es ist klar, daß ein solches Stufenkollegium aus Freiwilligen bestehen müßte, deren Methodenfreiheit eben beinhaltet, sich für eine solche Arbeit entschieden zu haben. Es sei offen ausgesprochen, daß die Zusammenstellung oder Findung eines solchen Stufenkollegiums heikel sein würde, da es auf die Mischung verschiedener pädagogischer Persönlichkeiten ankäme. Beim Vorherrschen eines bestimmten Persönlichkeitstyps könnte es leicht zu einer „kritischen Masse" kommen, deren negative Folge u. a. die Dominierung der „Minderheit" wäre. Keine Lehrkraft ist vollkommen, jede einzelne darf nicht nur, sondern soll sogar auf die ihr eigene Art arbeiten – dies ist bei einer so personalintensiven Tätigkeit wie der pädagogischen gar nicht anders möglich –, und nur viele verschiedene Lehrkräfte zusammen ergeben einen guten Lehrkörper.

Es ist sicher richtig, daß eine solche pädagogische Arbeit intensiver und zeitaufwendiger wäre, als die bisherige. Zugleich ist aber auch richtig, daß durch sie Zeitverluste und Frustrationen aufgefangen werden könnten, indem etwa nicht mehr nur fallweise und vereinzelt und immer wieder erneut bei Problemen interveniert würde. Es sind ja nicht allein Extensivierung und Intensivierung der Arbeit, welche die Arbeitskraft verzehren und die Lehrkräfte ausbrennen, sondern die Vergeblichkeit ihres Tuns. Ein geschlossen handelndes Stufenkollegium wäre aber erfolgreicher als eins aus Einzelkämpferinnen und Einzelkämpfern; somit nähme die Abnutzung ab – und es könnte sich etwas wieder einstellen, was im bildungspolitischen und wissenschaftlichen Betrieb ausgeblendet und was zu verlangen verpönt ist: die Arbeitsfreude.

Vielleicht ist dies der Ort, einen Exkurs einzuschieben, um auf ein weiteres Tabu des modernen pädagogischen Betriebs aufmerksam zu machen: die schöpferische Muße, den fruchtbaren Moment. Lernen vollzieht sich ja nicht linear; es gibt ja die Erkenntnisexplosion, das Aha-Erlebnis, den plötzlichen Umschwung in der Persönlichkeitsentwicklung usw. Diese Dialektik von allmählicher Reifung und Niveau-Sprung wird im ameisenhaft raschen Betrieb der modernen Pädagogik außer acht gelassen. Atemloses Beschäftigtsein hat allemal Vorrang vor einem gelassenen Innewerden der Phänomene, vor Momenten der Muße. Diejenige pädagogische Kraft, die aus Kenntnis des Stoffes und der Kinder wahrnähme, daß sich ein fruchtbarer Moment anbahnt, ein Umschwung, und die entscheiden würde, einige Stunden scheinbar auf der Stelle zu treten, mit den Kindern der schöpferischen Muße zu pflegen; sie würde, wie der Betrieb nun einmal ist und wie die Praxis zeigt, kaum je verstanden, zumeist wohl für faul gehalten.

Es liegt auf der Hand, daß mit dem Konzept des spezialisierten Stufenkollegiums eine gewisse Autonomie der Stufe einhergehen, eine Verflachung der Hierarchie erfolgen müßte, insbesondere in bezug auf Interventionen außerschulischer Verwaltungsinstanzen bei der praktischen Lösung schulischer Probleme durch Lehrkräfte – kurz und gut, es ginge um eine Adaption der in der

Wirtschaft entwickelten Konzeptionen des Personalmanagements. Es ist wahr, daß die Lehrerarbeit sich ändern muß, und die Schule dazu – aber wahr ist ebenso, daß die Aufsichtsbehörden sich ebenfalls zu ändern haben: sie müssen zumindest lernen, sich zu bescheiden, wenn sie schon außerstande sind, die Probleme der Praxis mit ihren Mitteln und auf ihren Ebenen zu lösen. Dies bisherige Unvermögen hat damit zu tun, daß sie sich als gesellschaftliche Institutionen der Tradition des Feudalabsolutismus und des Obrigkeitsstaates verdanken und sich somit als Institutionen, wie sie nun einmal sind, unabhängig von Individuen oder außerhalb etwaigen bösen Willens dem gesellschaftlichen Wandel nicht gewachsen zeigen: es fehlt an Demokratisierung, Mitbestimmung, Subsidiarität, modernen Personalkonzeptionen – kurz: an Selbstverwaltung im gesellschaftlichen pädagogischen Prozeß. In der Medizin gilt: Wer heilt, hat recht. In der Pädagogik gilt bislang: Die Hierarchie hat recht. Ein Kollegium, das es unternimmt, praktische Vorschläge zur Lösung pädagogischer Probleme zu unterbreiten und zu realisieren, muß um die genannten Widersprüche wissen und sich auf Konflikte vorbereiten. Sie sind nicht zu umgehen.

Soziales Lernen

Der Verfasser plädiert für die breite Anwendung von Gruppenarbeit als Form sozialen Lernens, als Institut zur Einübung bestimmter Verhaltensweisen. Darüberhinaus schlägt er die intensive Schulung in Rollenspielen vor.

Es ist ja so, daß die Kinder kaum fähig sind, aufeinander zu hören, aufeinander zu reagieren und gemeinschaftlich zu handeln. Dies muß erlernt werden. Gruppenarbeit und Gruppenpunkte im verhaltensmodifikatorischen Sinn sind eine wertvolle Hilfe dazu. Es muß allerdings auch bedacht werden, daß gerade bei den „neuen Kindern" das Mißverständnis vorkommt, Gruppenarbeit bedeute, von den besser arbeitenden Kindern abzuschreiben, wodurch diese ausgenutzt werden und bei der geringen Anzahl, die sie bilden, bald zu Lasteseln der Klasse werden. Hier ist die Aufmerksamkeit der Lehrkräfte gefordert.

Der Verfasser hat erlebt, daß bewährte Konzepte des Rollenspiels – etwa im Geschichtsunterricht – bei den „neuen Kindern" gescheitert sind. Viele können nicht spielen, schon gar nicht miteinander. Über den pädagogischen Wert von Rollenspielen braucht hier kein Wort verloren zu werden, auf ihre besondere Notwendigkeit gerade für die „neuen Kinder" soll aber aufmerksam gemacht werden.

Vorverlegung der Differenzierung und Aufgabe der Hälftigkeit bei Gesamtschulen als Pflichtschulen

Der Verfasser schlägt vor, bei bestimmten Gesamtschulen, nämlich denjenigen, die in einem bestimmten Einzugsbereich zugleich die Hauptschulen ersetzen, die Differenzierung vorzuverlegen, weil diese Schulen anderenfalls den „besseren" Kindern nicht gerecht werden können — und ebensowenig den „schlechteren".

Also: Die Differenzierung in Mathematik und Englisch möge im 6. Schuljahr einsetzen, die Differenzierung in Deutsch im 7. (Letzteres wird nicht aus Gründen der Leistung vorgeschlagen – in Deutsch zeigen sich die Leistungsdifferenzen von Anfang an noch krasser als etwa in Englisch –, sondern aus Gründen der Stabilität von Gruppen und mit Blick auf die organisatorischen Probleme von Differenzierung.)

Es wäre von der falschen Forderung nach Hälftigkeit abzugehen. Es finden sich in den genannten Gesamtschulen in den Eingangsklassen bestenfalls ein Drittel Kinder, die das A-Niveau erreichen (wohl eher immer nur ein Viertel). Deshalb müßte nach Leistung und nicht nach Ideologie differenziert werden.

Sollten solche Gesamtschulen und die Aufsichtsbehörden sich nicht bereitfinden, die

Differenzierung vorzuverlegen und die Hälftigkeit aufzugeben, werden sich diese Schulen über kurz oder lang zu „Gesamthauptschulen" und Reparaturanstalten nicht zuletzt für gescheiterte Gymnasiasten und Realschüler entwickeln, denn es werden die „besseren" Kinder fast völlig ausbleiben (mit Ausnahme der schon angesprochenen wenigen ausländischen Kinder, die nur von der Gesamtschule gefördert werden können). – Mehr noch: Die pädagogische Verantwortung auch für die lernfähigen, lernbereiten und psychisch und sozial nicht gestörten Kinder müßte dann die entsprechenden Schulen geradezu nötigen, solchen Kindern vom Besuch dieser Schulen abzuraten, damit sie in ihrer Entwicklung nicht behindert werden. Wem dieser Vorschlag zu radikal ist, oder wer ihn als „Verrat" an der Gesamtschulideologie begreift, dem sei ein Beispiel aus der Praxis entgegengehalten, welches die Meinung des Verfassers bestätigt: ihm sind Direktoren von Gesamtschulen des oben skizzierten Typs bekannt, die ihre eigenen Kinder auf das Gymnasium schicken – gleichzeitig aber bei Eltern darum werben, daß sie ihre Kinder auf die Gesamtschule schicken, deren Leitung sie innehaben. Dem Verfasser wäre hier ein wenig mehr pädagogische Wahrhaftigkeit lieber als die öffentliche Beschwörung von Ideologemen.

Curriculum

Was die curriculare Arbeit angeht, so müßte erneut und gründlich über handlungsorientierten Unterricht nachgedacht werden, der zu einem großen Teil über Lerngruppen (Tischgruppen) und auch in der Form von kleinen Projekten und der Sozialform des Rollenspiels zu realisieren wäre, der aber ebenso im „normalen" Unterricht seinen Ort finden kann (vgl. dazu u.a. den Unterrichtsvorschlag des Verfassers: „Die Adjektivtreppe oder Handelnder Grammatkunterricht" in päd. extra 1/1984).

Paradox erscheint, wenn der Verfasser zugleich darauf hinweist, daß sehr eng geführte Unterrichtsverläufe bei den „neuen Kindern" ebenfalls erfolgreich sind: Frontalunterricht mit einem zügigen, sehr kleinschrittigen fragendentwickelnden Erkenntnisfortschritt. Bei Licht betrachtet, ist dies aber nicht paradox, sondern entspricht reziprok der Psyche der „neuen Kinder". (Natürlich ist keine ganze Stunde so zu gestalten.)

Das Konzept „Erzählen im Unterricht" läßt sich bei den „neuen Kindern" zwar mühsam an, ist aber schließlich auch bei ihnen deshalb so erfolgreich und beliebt, weil sie hier das völlige Gegenteil des Fernsehkonsums erfahren, nämlich Stille, Sammlung, Abwesenheit der sonst üblichen Bilder, deshalb Phantasietätigkeit und Erlebnis der Sprache. Gerade der Geschichtsunterricht eignet sich für Erzählungen. Es empfiehlt sich allerdings, das Erzählen gründlich zu üben, bevor man als raunender Beschwörer des Imperfekts vor die Klasse tritt.

Auch das Unterrichtskonzept „Lesestunde und freie Aufsätze“ kann nachhaltig empfohlen werden. „Lesestunden“ gibt es an manchen Schulen, „freie Aufsätze“ nicht ganz so oft. Beide Ansätze vereint zum vielleicht wichtigsten Bestandteil des muttersprachlichen Unterrichts begegnen indes recht selten. Der Verfasser hat sich sein Integrationskonzept aufgrund verschiedener Anregungen entwickelt und praktiziert es seit Jahren (vgl. „Lesestunde und freie Aufsätze“ in päd.extra, 11/1987). Es besteht darin, daß die Einrichtung der Lesestunde und die Unterrichtsform der freien Aufsätze zu einem einheitlichen Konzept zusammengefügt werden – Förderung und Entwicklung des sprachlichen Vermögens der Kinder, und daß hierbei sowohl intensive Arbeit im Klassenverband möglich ist, weil alle dasselbe zu tun haben und es gemeinsam diskutieren, als auch eine vollständige Individualisierung der Arbeit, welche die spezielle Förderung eines jeden einzelnen Kindes beinhaltet. Bei den Lesestunden muß zu Anfang jeweils ein Kind ein Buch in freiem

Vortrag vor der Klasse vorstellen, indem es mit der korrekten bibliographischen Angabe beginnt, dann den Inhalt skizziert, um schließlich zu einer Bewertung zu kommen. Die Vortragsleistung dieses Kindes wird gemeinsam besprochen und bewertet. Die folgende Lesestunde verlangt das stille Lesen eines literarischen Textes nach freier Wahl, keines Sachbuchs oder Comics. Bei den freien Aufsätzen sind jeweils vier Kinder reihum aufgefordert, ihre Texte vorzutragen, sie diskutieren und bewerten zu lassen. Hierbei kann die Form der Sachdiskussion geübt werden. Natürlich obliegt die Leitung der jeweiligen Diskussion demjenigen Kind, das seinen Aufsatz vorgelesen hat. Die freien Aufsätze, deren bester als Klassenarbeit gewertet wird, ermöglichen die Integration sachlicher, stilistischer, ästhetischer, orthographischer und grammatikalischer Bestandteile des muttersprachlichen Unterrichts. Die Korrektur ist allerdings zeitaufwendig, sie geht dabei nicht von der Sprachnorm der Lehrkraft aus, sondern versucht, die sprachliche Individualität des jeweiligen Kindes zu entwickeln. Die vom Lehrer korrigierten Aufsätze müssen dann von den Kindern zum zweiten Mal geschrieben werden, in Reinschrift.

Über solche einzelnen Unterrichtsmomente hinaus – die vielfältig vorhanden sind und entwickelt werden können – wäre es insgesamt hilfreich, sich in Form einer Synopse der Ziele und Stoffe der einzelnen Lehrpläne einen Überblick darüber zu verschaffen, an welchen Stellen Unterrichte thematisch zu parallelisieren wären. Dies wäre ein Schritt zu einer Art Epochenunterricht, dessen positive Wirkung ja nicht in Abrede gestellt werden kann. Auf diese Weise wären auch unerläßliche neue Themen des kulturellen, medialen und ästhetischen Bereichs zu verorten. Auch die Thematisierung ethischer Fragen und Fragen der Lebensführung – „Lernziel Zivilcourage" – könnte auf diese Weise mehr fruchten. Als Beispiel sei der Komplex „Sexualität" angeführt: Er wird in vielen Schulen im Fach Biologie Anfang des 6. Schuljahres thematisiert. Zugleich könnte aber auch das Fach Religion das Seine dazu beisteuern, ebenso das Fach Deutsch, die Kunst und nicht zuletzt die Gesellschaftslehre, bei der es sich schon im laufenden Curriculum geradezu anbietet, die Entstehung patriarchalischer Gesellschaftsordnungen und die historische Entzweiung der Geschlechter zu behandeln. Auch die Tutorenstunden oder Klassenstunden könnten hier für einen Monat einen Schwerpunkt finden, da ja bekanntlich im Gefolge des Sexualkundeunterrichts in den Klassen bestimmte Verhaltensweisen virulent werden, die oft aggressiv sind. Es versteht sich von selbst, daß derartige Themen nicht allzulange parallel geführt werden könnten, um dem Überdruß vorzubeugen, und daß sie auch abgesprochen werden müßten, um keine Verdopplungen entstehen zu lassen. Mit Sicherheit würden sich aber Transferleistungen auf die andere und weitere Arbeit ergeben.

Arbeitsgemeinschaften

Es wäre zu überlegen, ob nicht auch die Angebote für Arbeitsgemeinschaften Ergebnis des Nachdenkens darüber sein können, was den Kindern not tut. Dies wären zum Beispiel gemeinschaftsbildende und Toleranz fördernde Angebote, also weniger dasjenige, was einzelne Lehrkräfte aufgrund ihrer persönlichen Vorlieben anbieten können, sondern vielmehr ein auf die Ziele der Schulstufe bezogenes sorgfältig geplantes Curriculum der Arbeitsgemeinschaften.

LRS-Unterricht

Die Ergebnisse der Rechtschreibtests in den Eingangsklassen von Hauptschulen und mancher Gesamtschulen weisen einen kaum mehr zu unterbietenden Tiefstand der Rechtschreibfähigkeit aus. Rohwerte und Prozentränge von Null kommen in zahlreichen Klassen vor. Die Erfahrungen mit den Kindern im LRS-Unterricht bestätigen in besonderem Maße den Zusammenhang von Therapiebedürftigkeit und LRS – im Gegensatz zu inzwischen veralteten, aber noch virulenten Definitionen, wonach die LRS einhergeht mit ansonsten normalen oder etwa mathematisch überdurchschnittlichen Fähigkeiten und durchaus akzeptablem Sozialverhalten. Als Faustregel kann inzwischen gelten: Wer außergewöhnlich schlecht schreibt, benimmt sich auch außergewöhnlich schlecht. Der Entstehungszusammenhang von auffälligem Verhalten und LRS ist nach Meinung des Verfassers in dem im Kapitel 1.1 skizzierten gesellschaftlichen Hintergrund der neuen Schulkindheit zu finden.

All dies verlangt, den LRS-Unterricht im vollen Umfang beizubehalten, oder ihn für die Eingangsklassen einzuführen. Im Zusammenhang mit der LRS muß darauf hingewiesen werden, daß die schriftlichen Ausarbeitungen zahlreicher Kinder inzwischen nicht mehr kommunikabel sind – mit anderen Worten: sie sind kaum zu entziffern. Das gesamte Kollegium sollte mit Nachdruck darauf bestehen, daß schriftliche Ausarbeitungen ihrem Zweck zu genügen haben: Mitteilungen für Empfänger zu sein, und wenn es „nur" die eigene Person ist.

Die Wertschätzung des normgerechten Schreibens ist keine Formalie, sondern reflektiert die Erkenntnis, daß das Schreiben und Schreibenlernen – wozu logischerweise die Schreibnorm gehört – ein höchst komplizierter und komplexer Lernprozeß ist. Das ist auch manchen Lehrkräften nicht bekannt. Stimmte dies nicht, gäbe es ja die angesprochenen Schwierigkeiten nicht. Sie nehmen zu.

Klassenfahrten

Es wurde schon darauf hingewiesen, daß sich auf Klassenfahrten dieselben Phänomene wie im Unterricht zeigen. Angesichts der Tatsache, daß Klassenfahrten von den Lehrkräften einen täglich zwanzigstündigen Einsatz verlangen, und daß die finanziellen Kosten solcher schulischer Veranstaltungen weitgehend von den Lehrkräften selbst getragen werden müssen - der Staat verweigert ja seit Jahren die volle Erstattung der Ausgaben -, kommen immer mehr Kollegien zu dem Schluß, auf Klassenfahrten zu verzichten, bzw. eine Woche lang täglich eine halbtägige „Fahrt" zu unternehmen. Letzteres ist eine durchaus akzeptable Antwort auf die neue Lage. Es wäre natürlich auch denkbar, daß die Klassenfahrten dezidiert als Sozialisationsfahrten geplant werden, als Projekte sozialen Lernens. Damit würde eine erhebliche Vorbereitungsarbeit einhergehen, jedoch wäre insgesamt unter den verschiedenen Alternativen diejenige die beste, Klassenfahrten mit den „neuen Kindern“ als Projekte sozialen Lernens zu gestalten und sie trotz allem beizubehalten.

Ethos der Schule

Wenn das dominierende Menschenbild das des konsumierenden Menschen ist, diese Existenzweise aber nicht „wie im Fernsehen“ realisiert werden, somit ein allgemeines Unbefriedigtsein Resultat von Werbung ist, eröffnet dieser Widerspruch – den die Werbung produziert und nicht zu umgehen vermag – auch einen Weg, die Herrschaft der Ware über das Leben wenn nicht zu brechen, so doch zu schwächen. Da der provozierte Warenhunger immer unbefriedigt bleiben muß, bleibt die Frage nach dem Sinn möglich. Der Warenhunger überdeckt und ermöglicht die Sehnsucht nach Sinn. Schule kann niemals mit dem Werbefernsehen konkurrieren – sie muß aus dieser Konkurrenz aussteigen und zum Angriff übergehen. Dies freilich nicht, indem sie das Werbefernsehen verteufelt. Waren und Werbung sind unverzichtbar. Werbefilme und Video-Clips sind oft die technisch besten Filme, sie realisieren oft den höchstmöglichen ästhetischen Standard von Filmen überhaupt. Man kann sie – so gesehen – auch genießen. Nein, der Angriff und eine der möglichen Antworten der Schule auf die Misere besteht einfach darin, die Sinnfrage anders zu beantworten als die Werbung. Ein Unterricht, der die Struktur und Dramaturgie der Werbung kopierte – auf Effekt, Unterhaltsamkeit und Kurzweiligkeit, also auf „Spaß" getrimmt – würde zur Karikatur verkommen. In Form eines Aperçus sei gesagt: Ob Unterricht und Schule „Spaß" machen, ist unerheblich, Hauptsache, sie werden als sinnvoll erlebt. Dies geschieht unter anderem dadurch, daß die Lehrkräfte ungescheut in Anspruch nehmen, was doch historisch und gesellschaftlich wahr ist: Unterricht ist notwendig und unverzichtbar. Überflüssig, zu sagen, daß das gesamte Unterrichtsverhalten der Lehrkräfte eine Botschaft und ein Lernmodell sind: Seht her, das, was ich tue, und das, was ich in diesem Zusammenhang bin, ist wichtig. Verhaltet euch entsprechend. Es gibt eine Art von pädagogischer Lässigkeit, Furcht davor, als unzeitgemäß dazustehen, einen pädagogischen Defätismus, der sich als Anbiederei an die Konsumentenideologie ausdrückt. Nur wenn Schule und

Lehrkräfte sich selbst wichtig nehmen, werden sie auch wichtig genommen. Die Wichtigkeit besteht unter anderem in der größeren Nähe zur Beantwortung der Sinnfrage. Diese wäre also nicht etwa als „Unterrichtseinheit Werbung" sondern als Haltung, als schulisches Ethos vorzustellen. Unabhängig davon müssen die Einzelcurricula an geeigneter Stelle und auf geeignete Weise Werbefilme und Filme insgesamt als Produkte thematisieren: Wenn man weiß, wie man sie macht, weiß man mehr über sie, als wenn man ihren Konsum verteufelt hört.

Im Wertezerfall und in der Wertevielfalt kann die Schule zwar nicht diejenige Instanz sein, die über das Grundgesetz hinaus für die Gesellschaft verbindliche Werte entwickelt und sozialisiert, aber sie kann und darf diejenigen Werte formulieren und anzielen, derer sie bedarf – als Schule. Die Schule sozialisiert also keinen geschlossenen gesellschaftlichen Wertekanon mehr, ist aber doch den Gesetzen des Lernens und Erziehens und somit eines spezifischen Zusammenlebens und unverzichtbaren gesellschaftlichen Teilprozesses verpflichtet. Natürlich sind diese als solche auch gesellschaftlich gebunden und gesellschaftlich wirksam, aber sie verlangen nicht mehr, als billigerweise zu verlangen ist, wenn die Schule sich nicht aufgeben soll. Die Schule kann und soll keine besseren

Menschen produzieren, aber doch wohl „gute" Schülerinnen und Schüler. Indem Schule selbstbewußt und streng Schule ist, wird sie eher von den hilflos aggressiven Kindern akzeptiert, als wenn sie durch laisser faire die Entscheidungsalternativen vermehrt.

Erwachsensein als reifer Lebenszustand hat kaum noch einen Wert: es als Erziehungsziel zu bestimmen, erregt Befremden. In der heutigen Pädagogik ist eine durch Rousseau und seinen „edlen Wilden" beeinflußte Ideologie wach, das Kind als den „wahren Menschen" zu begreifen, und den Erwachsenen als dessen Zerrform. Das Maß des Menschen ist jedoch der erwachsene, reife Mensch; das Kind ist auf dem Wege, nicht am Ziel. So gesehen ist die kindgerechte Schule allzuoft nur eine verkindlichte Institution, die dazu beiträgt, das Kind um sein Entwicklungsziel zu betrügen. Mit anderen Worten: Es wird eine falsche Gleichberechtigung praktiziert. Pädagogisch hilfreich ist es, Kindern und Jugendlichen klarzumachen und vorzuleben, daß es ein höheres Niveau der Persönlichkeitsentwicklung gibt, als das kindliche und jugendliche. Hierzu gehören, wie schon erwähnt, die festen Regeln, die dem Werte- und Entscheidungschaos steuern, pädagogisches Selbstbewußtsein und Distanz.

Die „neuen Kinder erkennen wir u. a. auch daran, daß sie aggressiver sind als ihre Vorläufer. Diese Aggressivität wurzelt natürlich nicht in den Genen, sondern in der Gesellschaft. Die „Täter" sind auch Opfer. Ihnen muß geholfen werden. Hierzu gibt es verschiedene Konzepte und Vorgehensweisen. Diese sollen jetzt nicht thematisiert werden, sondern es soll auf eine Frage eingegangen werden, die sich aus dem Anspruch dieses Kapitels ergibt – Ethos von Schule, und die auf einer Metaebene zu diskutieren wäre. Es geht darum, ob die „Täter" verantwortlich sind, und ob und inwiefern sie Konsequenzen ihrer Taten befürchten müßten. Die Erörterung dieser Frage muß im Kontext der alten Frage gesehen werden, ob Menschen frei sind oder nicht. Der Verfasser ist als Praktiker einer Sowohl-als-auch-Auffassung, er bevorzugt die situative Analyse, die ergibt, daß Menschen in einem bestimmten Ausmaß sowohl außengesteuert, unfrei und „unschuldige Täter" sind, als auch frei und verantwortlich, und daß sie schuldig werden können. Nur die Ansehung eines jeden einzelnen Falles wird zeigen, in welchem Verhältnis beide Phänomene zueinander stehen, wieweit ein Täter frei und verantwortlich war. Nun gibt es aber eine Tendenz in der Pädagogik und Psychologie, ja im gesamten Betreuungs- und Sozialwesen des

Staates, den Delinquenten vor den Konsequenzen seiner Delinquenz zu bewahren – namens der herrschenden Hilfs- und Betreuungsideologie wird die sozial schädigende Tat nicht geächtet, sondern zur Kenntnis genommen: Anything goes. Täter und Opfer scheinen auf ein und derselben Ebene zu agieren. Daß es eine Fallhöhe zwischen sozial schädigender Tat und Erleiden gibt, daß Täter und Opfer eben nicht niveaugleich sind, wird ausgeblendet. Die schädigende Tat und das Erleiden verschwinden im sozialwissenschaftlichen Konstrukt des „Verhaltens", wo sie scheinbar vorurteilsfrei und human als Verhalten 1 und Verhalten 2 zu gleichem Recht kommen. Täter und Opfer müssen sich eben arrangieren. Der Verfasser hält diese Tendenz, die auch in den Aufsichtsbehörden wach ist, für falsch. Ein Kind und ein Jugendlicher dürfen kaum je als ganzer Mensch geächtet werden, aber sehr wohl die Tat und der betreffende Mensch in seiner Eigenschaft als „Täter". Dies muß dann auch aversive Konsequenzen haben. Damit allein wäre noch nicht sehr viel gewonnen, weder Hilfe für die Delinquenten noch ein humaner Umgang von Menschen miteinander, aber damit wäre zumindest ein Menschenbild behauptet und als Leitbild in der Schule bewahrt, das die sozial schädliche Tat prinzipiell ablehnt. Man täusche sich nicht über die negative Wirkung, zu der es kommt, wenn „Tätern nichts geschieht" (wie wir es an unseren Schulen oft erfahren). In diesem Zusammenhang sei daran erinnert, daß wir Pädagogen in der Regel dazu neigen, den sich sozial schädlich verhaltenden zerstörten Kindern mehr Aufmerksamkeit zuzuwenden, als den sich sozial positiv verhaltenden. Damit wird ungewollt das positive Verhalten gelöscht, das negative verstärkt.

2.1 Die „Neuen Eltern". Elternarbeit

Eltern nehmen inzwischen sehr häufig ihren Erziehungsauftrag nicht mehr wahr. Sie delegieren ihn an die Schule. Zugleich sind Eltern sich ihrer Rechte und Möglichkeiten sehr bewußt. Eine jüngere Elterngeneration ist sehr kritikfreudig und anspruchsvoll, ohne dabei pflichtbewußt zu sein. Absprachen mit Eltern werden elterlicherseits häufig nicht eingehalten. Eltern sehen oft nur sich selbst – das Interesse der Klasse oder Schule ist ihnen egal (vgl. Anmeldungen zu Klassenfahrten, Unterrichtsmaterialien, Hausaufgaben-Kontrolle usw.). Viele Familien sind zerstört – die Kinder psychisch gestört. Elternarbeit ist zeitaufwendiger und trotzdem ineffektiver und frustrierender geworden.

Notwendig wäre, sich auf der Eingangsstufe der Pflichten der Eltern im einzelnen bewußt zu werden, sie zu nennen und als Forderung der Schule an die Eltern auch gemeinsam zu vertreten. Die Eltern müssen wissen, bzw. darauf hingewiesen werden, was die Schule und die Stufe 5/6 von ihnen billigerweise erwarten kann. Hierbei sollten die Lehrer und die Schulleitung gemeinsam vorgehen. Notwendig ist also eine Elternarbeit nach gemeinsamen Grundsätzen, durch welche die Schule sich nicht nur als Dienstleistungsbetrieb auf Kosten ihrer Arbeitskräfte der Kundschaft anbiedert, sondern wodurch sie als staatliche und historisch notwendige gesellschaftliche Einrichtung auch legitime Forderungen stellt.

Hierzu zählen:

– ein Elternbrief

– eine Elternversammlung, an der alle Eltern teilnehmen, und die mit dem einzigen Tagesordnungspunkt „Gemeinsame Erziehungsarbeit“ in der Schule stattfindet, und woran möglichst viele Fachlehrer sowie die Stufenleitung oder Schulleitung teilnehmen. Die Elternversammlung wäre die Versammlung der Eltern einer Klasse, nicht die der Stufe. Allerdings sollten Inhalt und Ablauf der Elternversammlung aller Klassen gleich sein.

Eine solche Versammlung muß längerfristig und sorgfältig vorbereitet werden und gegenüber den Eltern und Kindern als eine besondere Veranstaltung ausgewiesen werden.

Sollte sich ein Eingangsstufen-Kollegium auf eine solche Versammlung einigen, müßte sie natürlich inhaltlich auf einer der Jahrgangskonferenzen vorbereitet werden.

Zu dieser Vorbereitung und zur Tagesordnung der Elternversammlung würden gehören:

– Hinweise auf die Bildungs- und Erziehungsziele der Stufe

– sehr klare Darstellung der Defizite

– im Verhaltensbereich und

– in der Lerntätigkeit, und zwar allgemein und in der speziellen Klasse

– Aussprache darüber, was Eltern und Schule gemeinsam tun können

– feste Absprachen im allgemeinen und im besonderen

– Fixierung des Ergebnisses, indem die Eltern u.a. das Protokoll der Versammlung bekommen.

Natürlich läßt sich von einer solchen Elternarbeit keine Wunder erwarten. Der Verfasser hat es in seiner eigenen Praxis erlebt, daß eine derartig aufwendige Elternarbeit, wie oben skizziert, das Briefpapier nicht wert war, auf dem eingeladen wurde, daß sich also kaum Eltern einstellten, und von diesen nur einzelne (die „es eigentlich nicht nötig hatten") sich zu einer besonderen Zusammenarbeit mit der Schule bereitfanden. Indes muß man sich mühen. Sollte die Elternarbeit sich nicht lohnen – und vieles spricht für diese pessimistische Annahme –, dann bleibt natürlich auch hier nur übrig, die Kinder im Bewußtsein der Gegeninstanz Familie/Restfamilie zu erziehen und zu bilden. Mit der weitgehenden Verrechtlichung der Schularbeit und den zahlreichen Mitwirkungsrechten von Eltern, die nicht ohne Grund von den Lehrkräften oft nur als Belastung und negative Einflußnahme erfahren werden, und die vom Wasserkopf der Verwaltungsjuristen häufig gegen die Lehrkräfte und die Schule sanktioniert werden, muß dann eben taktisch geschickt umgegangen werden.

Die vorgeschlagenen Änderungen für die Eingangsstufe der Sekundarschule I sind kein Königsweg. Den gibt es nicht. Pädagogische Prozesse sind lebendige, also „schmutzige" Prozesse. Sie sind schmutzig wie das Leben selbst, keine Laborvorgänge. Ihre Entwicklungsmetapher ist die Echternacher Springprozession, sie folgen keiner klassischen, sondern eher einer Fuzzy-Logik. Nichts Genaues weiß man nicht. Was man will, wird selten erreicht. Die besten Absichten verkehren sich ins Gegenteil. Man muß immer wieder von vorn anfangen. Keine Lösung ist perfekt und von Dauer.

3.
Die Erosion der „Alten Schule": Versuch einer Perspektive

Die historische Lösung des epochalen und internationalen pädagogischen Problems besteht in einer pädagogischen Aufarbeitung des Funktionswandels der öffentlichen Schule. Es ist schon mehrfach angesprochen worden: Die neue öffentliche Schule ist eine, welche nunmehr auch die Voraussetzungen und Rahmenbedingungen zu ihrer Arbeit selber zu schaffen hat. Natürlich muß die neue Schule ihre neue Aufgabe nicht nur als Anforderung erfahren – wie heute –, sondern sie auch zu leisten imstande sein: vorwiegend auf der Grundstufe und der Eingangsstufe der Sekundarschule I.

Die Schule wird also stärker Erziehungsinstanz werden müssen als bisher, und angesichts der psychischen Schäden der Kinder bedeutet dies, daß sie sich auch als therapeutische Anstalt zu verstehen hat (was nicht die Ablösung des pädagogischen Prozesses durch einen therapeutischen zur Folge hat).

Werfen wir dabei noch einmal einen Blick auf die Ziele und Grenzen von Schule: Was soll sie erreichen? Sie soll alle Kinder zur umfassenden

Entfaltung ihrer Persönlichkeit führen, zur Aneignung des höchsten Niveaus des Sozialerbes. Diese abstrakte Formulierung kann aber nun nicht bruchlos in die Praxis übertragen werden – wie die Praxis zeigt. Die Sozialisation der Individuen ist verschieden, wie auch ihre Psyche und ihre Befähigungen unterschiedlich sind. Zwar können diese Merkmale verändert werden, und Schule tut dies mit der Tendenz zur Komplexierung und Niveauanhebung, aber dennoch wissen wir, daß die Individuen auf je unterschiedlichem Niveau zu Persönlichkeiten reifen und Fähigkeiten akkumulieren. Mag sein, daß dies einer historischen Schranke pädagogischer Möglichkeiten geschuldet ist, und spätere, entwickeltere Generationen pädagogischer Arbeitskräfte dasjenige zu leisten imstande sind, was wir Heutigen noch nicht können. Somit bleibt es bei der Erfahrung, daß wir im Gesamt unserer Schulen nicht alle Kinder zu unseren hohen Zielen führen können – die Population gibt nicht mehr her. Dieser Widerspruch ist konstitutiv für die schulpädagogische Arbeit.

Bessere Lehrerarbeit?

Nun könnte man meinen, daß alle Probleme doch noch zu meistern wären, wenn die Lehrer besser arbeiten würden, wenn sie also bessere

Unterrichtskonzepte entwickeln würden. Dies ist im Einzelfall richtig. Es sind noch nicht alle Ressourcen der pädagogischen Phantasie ausgeschöpft. Mehr noch - dieser Diskussionsbeitrag insgesamt ist ja der Versuch, auf die neue schlechtere Situation angemessen zu reagieren. Jedoch: Wären die Probleme durch bessere Lehrerarbeit zu lösen, wären sie schon gelöst, da der Leidensdruck und der Arbeitskraftverschleiß die Lehrkräfte förmlich zu besserer Arbeit prügeln. Nein, mit dem Hebel „Verbesserung der Lehrerarbeit" ist der Problemberg nicht von der Stelle zu rücken.

Entschulung?

Aber vielleicht mit Konzepten der „Entschulung", wie Stadtteilschule, Offene Schule usw.? Der Verfasser sieht in solchen Konzepten keinen Sinn. Sie nehmen Kurs auf eine Schule, die keine mehr ist. Der Charakter von Schule besteht darin, eben nicht der Ernstfall, sonder dessen Training zu sein. Die Entschulung von Schule verschärft die Probleme, nur die Besinnung auf das der Schule Eigentliche, welches keine andere gesellschaftliche Institution zu ersetzen vermag – sogar das Fernsehen nicht –, erst die Besinnung darauf verleiht der Schule ihre Wirkung und ihren Rang. Das Konzept von Schule als „Kulturhaus eines Stadtviertels", als „Heimat von Kindern" usw. ist nicht nur ein zu kurz greifender Reformvorschlag, sondern atmet auch jenen nicht selten anzutreffenden pädagogischen Totalitarismus, der die gesamte Existenz von Kindern und Jugendlichen in den Blick nimmt: weniger wäre mehr. Insgesamt muß auch hier das Verhältnis von Aufwand und Ertrag dem ökonomischen Prinzip entsprechen; die entschulte Schule ist keine mehr und lohnt nicht – pädagogische Arbeitskräfte machen gern Vorschläge, die nicht von dieser Welt sind. Das hängt natürlich auch damit zusammen, daß sie in der Regel nichts außer Schule kennen: als Kinder, als Studierende, als Erwerbstätige, und somit die Schule als derart omnipotent erfahren, daß ihnen ein Blick von außerhalb kaum mehr möglich ist, und daß sie – gesellschaftlich verachtet und von den Erwerbstätigen in den „harten" Bereichen für nicht ganz erwachsen gehalten — anfallsweise und besonders in Krisen dazu neigen, Schule aufzugeben. Der Entschulungskonzepte gibt es also viele, und die entschulte Schule ist als „Lebens- und Lernort" von Kindern auch vorstellbar – allerdings wird sie merkwürdigerweise nur den depravierten Kindern angeboten, kaum je den „normal entwickelten", und es wäre die Frage, ob alle Lehrkräfte, die sich für die Entschulung von Schule einsetzen, ihre eigenen Kinder in eine solche Schule schicken würden, wenn das Gymnasium erreichbar wäre. Was also im Grunde gefordert wird, sind und bleiben Schulen, die ihren Zweck erfüllen.

Privatschulen?

Dies ist auch international und im Vergleich von öffentlicher und privater Schule zu beobachten. Eine Artikelserie in der ZEIT im Sommer 1992 über Schule in verschiedenen europäischen Ländern und den USA zeigte, daß die Probleme überall ähnlich gelagert sind, und daß die öffentlichen Schulen zu Reparaturwerkstätten denaturieren, weshalb weltweit die Tendenz zu Privatschulen anhält. Diese aber sind dezidiert – Schulen; keine Kulturhäuser, „Lebensorte der Jugend" usw. Aufgrund der deutschen Schulgeschichte hat sich diese Tendenz hier noch nicht so deutlich gezeigt, wie etwa in den angelsächsischen Ländern. Privatschule aber heißt: die Schule wird als solche bejaht, sie ist eine, die Forderungen stellt und erfolgreich ein bestimmtes Verhalten der Kinder als Voraussetzung zu ihrer Arbeit erwarten darf; somit akkumulieren die Sozialisationsinstanzen Schule und Familie ihre Wirkung, gleichen dadurch den Widerspruch zu anderen gesellschaftlichen

Sozialisationsinstanzen aus und ermöglichen ein zielerreichendes Lernen, zumal sie Kinder auch abweisen können.

Es zeigt sich also ein Bedürfnis nach besserer Schule, welches sich zugleich als vernichtende Kritik am öffentlichen Schulwesen artikuliert, weil dieses die Widersprüche von Schule-Familie-Lebensumwelt nicht aufheben kann. Dies Bedürfnis zeigen aber nicht alle Familien. Kinder aus solchen Familien sind der „öffentliche Rest".

Beharren auf öffentlicher Schule

Die Tendenz zur Privatschule ist ungebrochen und begründet. Sie ist allerdings kein Naturgesetz. Der Verfasser ist der Meinung, daß die öffentliche Schule in den Stand gesetzt werden muß, ihren Auftrag zu erfüllen; die Alternative zur öffentlichen Schule wäre eine noch stärkere Zersplitterung des Schulwesens als bisher, und zwar radikal nach Kriterien der sozialen Gruppe, Schicht oder Klasse und dem Einkommen der Eltern. Dies aber ist einer demokratischen Gesellschaft mit sozialer Marktwirtschaft unwürdig. Die öffentliche Schule hat sich allerdings gründlich zu ändern, damit sie die Schule der Mehrheit bleibt und nicht die Schule des nicht privatisierungsfähigen Rests wird.

Entbürokratisierung von Schule.
Selbstverwaltung.
Freisetzung der pädagogischen Arbeitskraft

Die staatliche Organisation pädagogischer Tätigkeiten entstammt vordemokratischen Zeiten und kultiviert ein dichotomisches Bild des Geschehens, demzufolge „die da unten in den Schulen“ von „uns da oben“ vorgeschrieben bekommen müssen, was sie zu tun haben. Die Folge ist, daß dann, wenn Reformarbeit not tut, die Regelungen sich vermehren wie die Maden im toten Fleisch. Dokument und Bild des Zustands ist es, wie das Land Nordrhein-Westfalen auf ein kritisches Gutachten zur staatlichen Organisation des Schulwesens reagiert hat - mit einer Allgemeinen Dienstordnung für Lehrkräfte! Diese werden reglementiert, anstatt in das Reformgespräch einbezogen zu werden. Mit Anspruch auf praktische Geltung wäre dies auch gar nicht möglich, da hierbei Kräfte und Ansprüche frei würden, die mit dem Status der Lehrkräfte als Subalternbeamte in Konflikt treten müßten, was wiederum das hierarchische Modell pädagogischer Tätigkeiten bedrohen würde. Daß die pädagogischen Arbeitskräfte an der Reformdiskussion mit Geltung teilnehmen, kann somit seitens der Bürokratien, Parlamente, Regierungen und Parteien nicht erwünscht sein.

Wer jedoch in der schulpolitischen Debatte von „Autonomie" der Schulen redet, darf von deren Selbstverwaltung nicht schweigen. Ein Schulmodell jenseits des hierarchisch-bürokratischen muß ein Selbstverwaltungsmodell sein. Der Zugriff des Staates, sofern er kontraproduktiv ist, kann nicht durch den Zugriff der Kommunen oder gesellschaftlicher Gruppen ersetzt werden – das wäre ein Schritt zurück in historisch überwundene Verhältnisse. Der Staat muß wie bisher das Schulwesen finanzieren und gesetzlich formieren, er kann es es aber nicht mehr im einzelnen betreiben. Die Schulen müssen sich im Rahmen der Gesetze selbst verwalten, und sie müssen dies auf kommunaler und höherer Ebene ebenfalls tun – in Selbstverwaltungseinrichtungen (Kammern), die durch Wahlen gebildet werden, und welche Koordinations-, Beratungs- und Kontrollfunktionen wahrnehmen. Die Dauer der Mitgliedschaft einzelner Personen in solchen Kammern sollte begrenzt sein, und selbstverständlich müssen die Kammern auch Vertretern gesellschaftlicher Gruppen wie Eltern- und Schülerverbänden, Gewerkschaften und Industrie- und Handelskammern usw. offenstehen. In der Schule selbst müßten Funktionsstellen durch Urwahl und auf Zeit vergeben werden, nur eine solche Regelung entspricht sowohl der Sachlogik und Spezifik des schulpädagogischen Betriebs, als auch der Tendenz zur demokratischen Formierung gesellschaftlicher Einrichtungen.

Ein wesentlicher Nachteil des hierarchisch-bürokratischen Modells pädagogischer Tätigkeiten besteht darin, daß hierbei Karrieremuster und Einkommen nicht an die Qualität der Arbeit gekoppelt sind, sondern an die sogenannte Laufbahn - also an ein Kastenwesen - und an ein bürokratisch-funktionales Verhalten. Was aber dem Beamten frommt, taugt noch lange nicht als Eigenschaft guter Lehrkräfte. In der Regel wird nicht die Leistung belohnt, sondern die Anpassung. Im modernen demokratischen Parteienstaat kommt hinzu, daß Status und Einkommen im Bildungsbereich sowohl in den Kommunen als auch im Staat dem Zugriff der Parteien ausgesetzt sind, die ihre Klientel belohnen. Kluge Lehrkräfte mit Ambitionen setzen also nicht in erster Linie auf kreative Leistung, sondern auf ein Parteibuch und kommunalpolitische Tätigkeit sowie Anpassung an bürokratische Strukturen. In der gegenwärtigen Schule führt in der Regel der Versuch einer kreativen, selbständigen Lösung eines Problems nicht zum Ziel, da dies mit dem System unvereinbar ist, und ebensowenig führt auch eine hohe pädagogische Leistung nicht zu materiellen Vorteilen für das entsprechende Personal, sondern zu Nachteilen, weil es umfassender eingesetzt und stärker belastet werden kann als das Personal minderer Güte. Am Ende verdrängt auf diese Weise die schlechte Arbeit die gute – dies Gesetz hierarchisch-bürokratischer Arbeitsorganisation setzt sich immer wieder durch. (Vgl. den Aufsatz des Verfassers: „Die schlechte Arbeit verdrängt die gute", in päd.extra & demokratische erziehung, 6/1989). Es geht in diesem Fall um die pädagogische Arbeit als immaterielle Produktion. Immaterielle Produktion kann bekanntermaßen vergegenständlicht oder Dienstleistung sein. Vergegenständlichen kann sie sich in Waren wie Büchern, Bildern, Filmen, Partituren usw. Immaterielle Produktion als Dienstleistung existiert in der Einheit von Produktion und Konsumtion, sie geht in das Persönlichkeitsvermögen der Konsumenten über. Lehrer, Schauspieler, Prediger usw. leisten eine solche Arbeit. Die pädagogische Arbeit hat Doppelcharakter. Einerseits dient sie der Enkulturation, andererseits der Arbeitskraftqualifikation ihrer Konsumenten. Beides bildet eine widersprüchliche Einheit. Weil die Arbeitskraft eine Ware ist, trägt die pädagogische Arbeit wesentlich zum Wert dieser Ware bei. Da die Arbeitskraft die einzige Ware ist, die mehr Wert erzeugt als sie wert ist, trägt die Verausgabung von pädagogischer Arbeitskraft auch von daher zu erweiterten Reproduktion bei.

Dies geschieht natürlich unter der Bedingung der Schulkonkurrenz. So sind angesichts der Existenz des Gymnasiums alle anderen Schulen als Nicht-Gymnasien definiert: als schlechtere Schulen. Trotz zeit- und kraftzehrender Sonderveranstaltungen beispielsweise mancher Gesamtschulen, wie den Tagen der Offenen Tür, Projektwochen usw. können diese die Konkurrenz mit dem Gymnasium nicht bestehen, obwohl das Gymnasium nicht annähernd einen vergleichbaren pädagogischen Aufwand (auf Kosten der Lehrkräfte) betreibt, wie eben die Gesamtschulen: Es hat ihn nicht nötig.

Wie kommt es aber, daß die pädagogisch bessere Schule zugleich die „schlechtere" Schule ist? Der Hinweis auf die Systemkonkurrenz lenkt im Zusammenhang mit der Diskussion der pädagogischen Arbeitskraft den Blick auf den genetischen und strukturell-funktionalen gesellschaftlichen Zusammenhang von Schule. Es zeigt sich, daß die Schule keinesfalls um der Entwicklung der Individuen willen entstanden und vorhanden ist, sondern im Gegenteil als Instanz zur Vermittlung des Sozialerbes gleichgültig gegenüber allen individuellen Problemen (der Kinder und der Lehrkräfte) ist, nur daran interessiert, eine ausreichend große Anzahl von durchschnittlich befähigten Individuen zur Reproduktion der Gesellschaft hervorzubringen. Wenn das Schulsystem insgesamt dies leistet, ist es funktionstüchtig, gibt es keine Bildungskrise, egal, wieviele Individuen auf der Strecke bleiben.

Letzteres wird auf der Ebene der Ausbildung, des Ansehens, der Arbeitszeit und der Bezahlung der pädagogischen Arbeitskräfte bestätigt. Es ist nicht diejenige Arbeitskraft am angesehensten, am besten bezahlt und zeitlich am wenigsten belastet, die die komplizierteste Erziehungsarbeit leistet, sondern diejenige, die die komplexeste Bildungsarbeit tätigt. Damit produziert sie nämlich die qualifizierteste Reproduktionsfähigkeit und die teuersten zukünftigen Arbeitskräfte, diejenigen mit der höchsten Zirkulationsqualifikation. Somit ist diese pädagogische Arbeitskraft ökonomisch die wertvollste. Je höher der Erziehungsanteil in einem pädagogischen Prozeß ist, desto geringer ist der Status der ihn betreibenden Arbeitskräfte. Unter system-funktionalen Gesichtspunkten ist die zuschanden gearbeitete Hauptschullehrerin in Hamburg-St. Pauli gegenüber dem ziemlich bequem arbeiten könnenden Gymnasiallehrer in Überlingen am Bodensee eine weitaus weniger wertvolle Arbeitskraft. Wie gesagt: Der Blick auf Bezahlung, Ausbildung,

Arbeitszeit und Status der pädagogischen Arbeitskräfte belegt zusätzlich die Aussage, daß es gesamtgesellschaftlich völlig egal ist, wieviele Schmerzen und wieviel Ausschuß das Bildungssystem produziert, wenn nur die Reproduktionsqualität und -rate stimmt.

Die Krise setzt ein, wenn der Reproduktionsumfang und -standard nicht gehalten werden kann, oder wenn die sozialen Kosten für den Ausschuß zu hoch werden. Noch ist es nicht so weit. Allerdings deuten alle Kennziffern darauf hin, daß die Rahmenbedingungen unserer Arbeit schlechter werden. Die aus therapeutischen Gründen notwendigen kleineren Klassen werden aus finanzpolitischen Gründen größer, die Masse der Kinder wird nicht schulfähiger, bei steigendem Ausländeranteil in den Klassen werden die Stundenzuschläge für die Betreuung ausländischer Kinder gestrichen, insgesamt wird die Arbeitszeit der Lehrkräfte durch Kürzung von frei verfügbaren Stunden länger, der Verschleiß intensiver, insbesondere, da die Generationenfolge in den Kollegien aus finanzpolitischen Gründen zerstört ist, und verschlissenere Lehrkräfte sich schwierigeren Aufgaben zu stellen haben. Die Krise wird erst in ferneren Jahren gesamtgesellschaftlich virulent werden, wenn die Lehrkräfte gleichsam zusammenbrechen und Ersatz fehlt. Bis dahin wird

Schulpolitik im wesentlichen darin bestehen, die sozialen Kosten des Ausschusses nicht von der Wirtschaftsgesellschaft, sondern so lange wie möglich von der Schule und den pädagogischen Arbeitskräften bezahlen zu lassen. Der Bildungspolitik muß deshalb notwendigerweise die Tendenz zur Überlastung der Arbeitskräfte und zur Verschleierung der Probleme innewohnen.

Um nun zum Kern der Untersuchung der pädagogischen Arbeitskraft und des schließlichen Verdrängens der guten durch die schlechte Arbeit zurückzukehren, sei der Blick auf die geschichtlichen Hauptformen des Einsatzes pädagogischer Arbeitskraft gelenkt.

Es lassen sich drei dieser historischen Haupt-Formen rekonstruieren. Die historisch erste betrifft die Erziehung in der Anthroposoziogenese und Urgesellschaft. Der Erziehungsprozeß ist ein unentzweiter Bestandteil des allgemeinen Lebensprozesses, das pädagogische Arbeitsvermögen ist ungeschieden von den anderen. Der pädagogische Prozeß wird hier vom allgemeinen Lebensprozeß dominiert.

Die zweite historische Form ist der Einsatz der pädagogischen Arbeitskraft im Reproduktionsprozeß einer sozial gespaltenen Gesellschaft. Erziehung wird arbeitsteilig betrieben, aus den anderen Tätigkeiten ausdifferenziert, kommt aber als solche nur wenigen, nicht allen zugute. So fing Schule an. Heute ist eine solche Form der Erziehung Teil des Verwertungsprozesses von Kapital, wenn eine Schule als Unternehmen geführt wird, das Gewinn abwerfen muß. (Erst dann ist übrigens die pädagogische Arbeit ökonomisch produktiv.) Der pädagogische Prozeß wird hier vom Kapitalverwertungsprozeß dominiert. Dies geschieht gegenwärtig vor allem in den USA immer häufiger.

Und die dritte historische Form? Sie ist natürlich die verstaatlichte Form, die Form, in der der Staat die Enkulturation und Reproduktion der Arbeitsvermögen via Erziehung gesamtgesellschaftlich in Gang bringt und reguliert, weil ein Massenbedarf für solche Dienste entstanden ist. Hier wird der pädagogische Prozeß vom Verwaltungsprozeß dominiert.

Wie geschieht das?

Wenn die Erziehung verstaatlicht wird, muß eine Erziehungsbürokratie entstehen. Die pädagogische Arbeit kann jetzt nur unter der Bedingung der Bürokratie geleistet werden. Bürokratie ist immer hierarchisch organisiert, dazu formal, zentral und direktivistisch strukturiert. Der Erziehungsprozeß spaltet sich seitens derer, die ihn als Arbeitskräfte betreiben, in zwei Teilprozesse auf, in einen Vermittlungsprozeß und in einen Regelprozeß. Sie können ohne einander nicht existieren. Der Regelprozeß wird aufgrund seiner Herrschafts-Funktion und seiner Eigendynamik der dominante Teilprozeß. Er verselbständigt sich zu schierer Staatstätigkeit und erzeugt eine weitgehend parasitäre Schicht von Bildungsverwaltern, besonders in ihrer überflüssigsten Spielart, der Juristen, die ausschließlich dazu da sind, Herrschaft auszuüben. Hier hat sich der Verwaltungsapparat am meisten verselbständigt. Alle wissen nun – worauf schon mehrfach hingewiesen wurde – daß die hierarchische Positionierung (und somit Bezahlung) im Erziehungssystem nicht von der Qualität der pädagogischen Arbeit abhängt, sondern a) von der bürokratischen Geeignetheit und b) der politischen Brauchbarkeit des entsprechenden Personals. Hinzu kommt der Einfluß der Parteien. Das Parteibuch ist eine wesentliche Bedingung des Aufstiegs in der Bildungshierarchie. Somit findet in bezug auf die genuin pädagogische Arbeit innerhalb des Hierarchiemodells tendenziell eine Negativauslese statt: die Hierarchen verdanken ihre Position nicht ihrer pädagogischen Produktivität, sondern ihren politischen Beziehungen und bürokratischen Einstellungen: Die schlechte Arbeit dominiert die gute. Auf Dauer entsteht in einem solchen Arbeitszusammenhang die Tendenz zu einer nivellierten Leistung. Die schlechte Arbeit hat die gute verdrängt. – Womit wir mit dieser Schlußfolgerung wieder an den Anfang unseres Gedankengangs zurückgekehrt wären.

Mit den letzten Sätzen hat der Verfasser allerdings nicht gesagt, daß alle „Stelleninhaber" eine negative Auswahl seien; es gibt auf allen Stufen der Hierarchie erstklassiges Personal. Es ist allerdings in der Minderheit.

Ebensowenig verkennt der Verfasser, daß die Verstaatlichung der Erziehung historisch Vorteile geboten hat, und daß sie auch heute ihre Vorzüge hat – vor allem im Vergleich zum Erziehungssystem auf borniert lokaler oder Profitbasis. Indes scheint ihm ein weiterer Formwechsel notwendig zu sein, um die Potenzen der pädagogischen Arbeit auszuschöpfen und die Tendenz zur Nivellierung der Leistung umzukehren. Er möchte dies mit der Floskel: weg von der Verstaatlichung, hin zur Vergesellschaftung andeuten. Das Erziehungssystem muß vom Etatistischen zum Gesellschaftlichen transformiert werden.

Politische Veränderungsstrategien

Über die Art und Weise, wie die verschiedenen schulischen Reformbegehren Realität werden könnten, schweigen sich die meisten

Diskutanten aus, d.h. ihre Äußerungen greifen als Beitrag zur Reformpolitik im Bildungsbereich zu kurz, da sie nicht die „Entmachtungsfrage" stellen. Der Hinweis auf das Anwachsen der Reform von unten, also etwa durch die zunehmende Kooperation von Schulen in einer Kommune, beantwortet diese Frage ja nur im Flüsterton. Indes kann die Reform nicht nur schleichen, sie muß auch marschieren, d.h., die Reformer müssen darüber Auskunft geben, welche Macht von wem aufgegeben werden muß. Die Schulreform kann nur gelingen, wenn die vertikale, hierarchische und bürokratische Struktur des Schulsystems durch eine demokratische, ergebnis- und leistungsorientierte Struktur ersetzt wird. Im Augenblick werden allerdings die jeweiligen bürokratischen Kommandohöhen noch behauptet, während der Erosionsprozeß der alten Schule in vollem Gange ist. Das Ergebnis davon wird keine Entmachtung der Hierarchen, wohl aber ihre Ohnmacht und der Zerfall des Systems sein. Die Entmachtung könnte allerdings auch aus dem Zentrum der Macht heraus geleistet werden, von souveränen und starken Politikerinnen und Politikern im Amt, die der historischen Stunde innegeworden sind, oder sie könnte von jeweiligen Oppositionsbündnissen betrieben werden – Oppositionsbündnissen, zu denen Lehrkräfte und Hochschulangehörige, Einrichtungen der Wirtschaft, Gewerkschaften und diejenigen Parteien gehören könnten, die nicht an der Macht sind. Da das Oppositionsbündnis buntscheckig und instabil sein würde wahrscheinlich noch nicht einmal ein „Bündnis" -, käme den jweiligen Oppositionsparteien eine besondere Rolle zu: Sie haben, was gebraucht würde: eine zentrale Organisation und politischen Einfluß - und sie wissen, was sie wollen, nämlich die politische Macht. Gelänge es ihnen, auf geschickte Weise die Forderung nach der Entbürokratisierung des Schulwesens und des Machtverlusts des Staates mehrheitsfähig und somit gerade deshalb zu einem Instrument ihres eigenen Machterwerbs zu machen, wäre die Schulreform vorangebracht.

3.1
SCHLUSSBEMERKUNG

Die jetzt tätige Generation pädagogischer Arbeitskräfte wird die oben skizzierte Reform nicht erleben. Sie erlebt nur die Erosion der traditionellen Schule, erleidet sie und muß mit untauglichen Mitteln Teile des neuen Systems praktisch entwickeln. Sie arbeitet in einem unerquicklichen Zwischenzustand.

Indes ist Larmoyanz nicht am Platze. Der gesamtgesellschaftliche Problemdruck ist so groß, daß die Probleme des Erziehungs- und Bildungssystems keine Priorität beanspruchen können. Verantwortliche Politik hat sich in erster Linie um die Funktionsfähigkeit der Gesellschaft als System zu kümmern, und diese ist nicht durch den vorzeitigen Verschleiß von Lehrkräften und den vermehrten Ausschuß von Educanten bedroht, sondern vom Organisierten Verbrechen, vom Kollaps der Neuen Bundesländer, von Massenarbeitslosigkeit, Wohnungsnot, der Tendenz zur Zwei-Drittel-Gesellschaft und den Problemen der Zuwanderung und des Neofaschismus, sowie der Erosion des Gewaltmonopols des Staates. Der Verfasser möchte also ohne die Pose des Anklägers zum

Ausdruck bringen, daß es keine Hoffnung auf Verbesserung der Arbeitsbedingungen der Lehrkräfte geben kann, und daß die Lehrkräfte sich darauf einzustellen haben. Somit geht es in der täglichen Praxis vorerst nicht um die „endgültige“ Lösung der diskutierten Probleme, sondern nur um die Abfederung und Verzögerung von deren negativen Folgen, und darum, den Kindern und dem schulischen Bildungsauftrag, sowie dem Schutz der Arbeitskräfte zugleich gerecht zu werden.

Daß weiterhin für die Schulreform pädagogisch gearbeitet und politisch gekämpft werden muß, versteht sich von selbst – weil sie sich eben nicht von selbst einstellt.

Nachwort

Am Anfang stand die als Kulturbruch empfundene Erfahrung, daß die sorgfältig entwikkelten, über Jahre verfeinerten und ergänzten pädagogischen Konzepte bei den neuen Fünftklässlern nicht mehr greifen. Lernfähigkeit und Lernbereitschaft, nicht zuletzt das Sozialverhalten der Schüler hatten sich so drastisch geändert, wie es die Lehrergruppe einer Gesamtschule in ihrer langjährigen Erfahrung nicht erlebt hatte. Horst Hensel, einer dieser Lehrer und durch viele Dutzend pädagogischer Aufsätze und Artikel auch theoretisch ausgewiesener Fachmann, faßte in einem umfangreichen Papier die Erfahrungen und Eindrücke zusammen, untersuchte Hintergründe und entwickelte Vorschläge, wie auf die neuen Erfahrungen angemessen pädagogisch zu reagieren sei. Sein Ziel war die offen geführte Diskussion, zuerst unter den eigenen Kollegen, dann, nach Herstellung eines Konsens, mit den vorgesetzten Dienstbehörden. Auf eine neue Situation, so fand Hensel, müsse mit neuen oder deutlich überarbeiteten Konzepten reagiert werden. Was folgte, war jedoch nicht die offene Diskussion, sondern eine provinzielle Auseinandersetzung mit teilweise komödiantischem Zuschnitt. Der ersten, zustimmenden Reaktion, daß man die Erfahrungen nun gebündelt, in schriftlicher Form, noch dazu versehen mit Verbesserungsvorschlägen vorliegen hatte, folgte sehr bald das Erschrecken darüber, daß einige der Vorschläge gegen die Absichten der Schulbehörde standen, etwa die Vorverlegung der Differenzierung oder die Aufgabe der Hälftigkeit bei der Einteilung der Schüler in A- und B-Kurse. Ein Papier wurde plötzlich als brisant empfunden, von der Schulleitung, und – so ist zu vermuten – auch von der Behörde. Zwar wurde der Analyse im Grundsatz nie widersprochen, aber Schlußfolgerungen wurden nicht gezogen. Gleichzeitig sprach sich die Existenz der Analyse herum. Anfragen, zuerst aus dem lokalen Umfeld, später aus vielen Städten von Hamburg bis München stellten sich ein. Während Hensel darauf beharrte, ein internes Papier zur innerschulischen Diskussion verfaßt zu haben und keine Kopien herausgab, kursierte seine Analyse unter Lehrern und Schulpolitikern, wurde sie privat so offen und heftig diskutiert, wie Hensel sich das in den offiziellen Gremien gewünscht hätte. Fragte man die lokalen Schulpolitiker allerdings offiziell, so hatte keiner das Papier gelesen, ja teilweise nicht einmal von seiner Existenz gewußt. Ein Vakuum entstand, und es wäre das erste

Vakuum gewesen, in das die Opposition nicht gestoßen wäre. Also griffen es die oppositionellen Christdemokraten auf, wollten aus ihrer Sicht jene Diskussion entfachen und verbanden es gleichzeitig mit der von Hensel nicht beabsichtigten Diskussion um Errichtung einer Realschule als Ergänzung des Schulsystems. Nun wurde das Papier, ursprünglich zur Verbesserung einer konkreten Schulsituation gedacht, vollends ein Politikum, und anstatt spätestens jetzt das Gespräch zu suchen, schloß man um so fester die Augen und verharrte um so trotziger in Schweigen.

Nun kann Schweigen, das weiß man, sehr beredt sein, ja sogar laut werden. Denn natürlich ging die Diskussion weiter und manch einer, der sich offiziell nicht traute, suchte wenigstens intern das Gespräch.

Hensels Papier wurde zum Fallbeispiel dafür, wie im hierarchisch-bürokratischen Schulsystem auf einen ehrlichen, kritischen Erfahrungsbericht von der Basis, so notwendig und wichtig wie die Frischluftzufuhr durch Öffnung der Klassenfenster in den Pausen, reagiert, besser gesagt nicht reagiert wird.

Es kam, wie es kommen mußte. Dpa griff das Thema auf, und nun ließ wirklich keine Zeitung, keine Rundfunk- und Fernsehanstalt von Flensburg bis zum Bodensee die Berichterstattung über Hensels Papier aus. Die Diskussion, lange gewünscht, setzte nach öffentlichem Druck ein. Gesamtschulabteilungsleiter Schmidt im nordrheinwestfälischen Kultusministerium fand, Hensel habe vielen Lehrern aus der Seele gesprochen. Wohl wahr, wie die unzähligen Telefonanrufe bei Hensel bestätigen. Endlich, das war die durchgängige Meinung, endlich hatte da jemand ausgesprochen, was man selber so lange als bedrückend empfunden hatte.

Der Bielefelder Jugendforscher und Pädagogikprofessor Klaus Hurrelmann bezeichnete Hensels Analyse durchaus als realistisch. Sie sei ein Beleg dafür, daß der Lehrerberuf schwieriger geworden sei. „Viele Lehrer haben das quälende Gefühl, nicht die persönliche Kompetenz zu haben, mit solchen Problemen fertig zu werden." Dem kann man ebenfalls nur beipflichten.

Das Hensel-Papier macht niemandem persönlich Vorwürfe. Es ist eine Beschreibung des „neuen Schülers", unabhängig vom Schultyp, und der gesellschafts-pädagogischen Hintergründe und Konsequenzen auf hohem analytischen Niveau.

Dies alles trägt nicht den Zug von Verbitterung oder gar Resignation, wie es in einer Zeitung zu lesen war, sondern im Gegenteil, es ist ein Zeichen dafür, daß Hensel eben nicht von seinen pädagogischen Ansprüchen lassen möchte, daß er seinen Schülern in einer veränderten Situation auch weiterhin ein Höchstmaß an Wissen, an sozialem Verhalten und nicht zuletzt - hier bringt sich der Schriftsteller Hensel ein, der Romane, Gedichte, Hörspiele und Theaterstücke schreibt - an ästhetisch-kultureller Bildung vermitteln möchte. Nur muß eben, findet Hensel, um solche Ziele erreichen zu können, neu über Unterricht nachgedacht werden.

Hensel hat sein Papier für die Veröffentlichung leicht ergänzt, er hat es um die Lokalbezüge gekürzt und damit verallgemeinert. Man wird beim Lesen merken: das meiste ist gar nicht so brisant. Vieles hat man so oder ähnlich auch schon gedacht. Der Vorteil liegt in der Bündelung, ergänzt um literarisch zugespitzte Formulierungen. Damit könnte wirklich eine Diskussion beginnen, spät zwar, aber besser spät als nie!

Heinrich Peuckmann
Lehrer und Schriftsteller

Über den Autor

Geb. 1947 im Ruhrgebiet, Arbeiter, Zweiter Bildungsweg, Studium in München und Dortmund, Hochschulassistent, Dr. paed., Lehrer, zwischenzeitlich Gastdozent an der Autorenhochschule in Leipzig.

Mehrere hundert wissenschaftliche Aufsätze und literarische Essays zur Schulpädagogik, Geschichte, Literatur und Kultur, sowie Erzählungen, Gedichte, Funkfeatures, Reportagen und Hörspiele in Zeitungen, Zeitschriften und im Hörfunk. Herausgeber und Mitherausgeber zahlreicher Bücher. Gelegentliche Betätigung als Filmemacher im Bereich des kulturellen Dokumentarfilms. Grafische und zeichnerische Arbeiten. Literaturpreise für Lyrik und Hörspiel.

Einzelveröffentlichungen sind u.a.:

in den scherben deiner Augen (Gedichte, 1979)

Werkkreis oder die Organisierung politischer Literaturarbeit (Kulturgeschichte, 1980)

neun mal schulwetter (Pädagogik, 1981)

Aufstiegsversagen (Roman, 1984)

Die Sehnsuch der Rosa Luxemburg (Roman, 1987; 1988 in der DDR verboten)

Geschichten vom starken Balthasar (Kinderbuch, 1989)

Hyänengelächter. Lesestücke auf einen deutschen Herbst (1990)

Neue Geschichten vom starken Balthasar (Kinderbuch, 1990)

NATAL (Stück, 1991, zus. mit H. Peuckm.)

Garten Eden. Biblische Geschichten und andere Texte (1991)

Mädchenorchester (Libretto für eine Oper, 1991; Komponist S. Heucke)

Westfälischer Herbst. Balladen und Gedichte (1993)